A Nova Etiqueta para Secretárias

Regras Sociais e Protocolos para Secretárias

Este livro é resultado de vivências da autora quando
secretária no Centro Técnico Aeroespacial em
São José dos Campos e como pesquisadora
na área de Comportamento Social.

A Nova Etiqueta para Secretárias

Regras Sociais e Protocolos para Secretárias

Linda Borges

QUALITYMARK

Copyright© 2009 by Linda Borges

Todos os direitos desta edição reservados à Qualitymark Editora Ltda.
É proibida a duplicação ou reprodução deste volume, ou parte do mesmo,
sob qualquer meio, sem autorização expressa da Editora.

Direção Editorial
SAIDUL RAHMAN MAHOMED
editor@qualitymark.com.br

Produção Editorial
EQUIPE QUALITYMARK

Capa
RENATO MARTINS
Artes & Artistas

Editoração Eletrônica
ARAUJO EDITORAÇÃO

Ilustrações
RENATO MARTINS
Artes & Artistas

CIP-Brasil. Catalogação-na-fonte
Sindicato Nacional dos Editores de Livros, RJ

B73n

Borges, Linda

A nova etiqueta para secretárias – regras sociais e protocolos para secretárias / Linda Borges. – Rio de Janeiro : Qualitymark, 2009.
152p.

Inclui bibliografia
ISBN 978-85-7303-828-6

1. Etiqueta comercial. 2. Relações humanas. I. Título.

08-3808

CDD: 395
CDU: 395

2009
IMPRESSO NO BRASIL

Qualitymark Editora Ltda.
Rua Teixeira Júnior, 441
São Cristóvão
20921-405 – Rio de Janeiro – RJ
Tels.: (0XX21) 3295-9800 ou 3094-8400

Fax: (0XX21) 3295-9824
www.qualitymark.com.br
E-Mail: quality@qualitymark.com.br
QualityPhone: 0800-0263311

Dedicatória

Quando comecei a escrever este livro, me senti desabafando sobre o que venho pesquisando há quase 15 anos. O comportamento do homem que vive em sociedade é quase que uma metamorfose, se adaptando a cada estação. O modismo do comportamento ditado pelas telenovelas, pela mídia em geral, influencia e muito o comportamento sobre as regras que regem a sociedade. Sendo assim, digo com toda segurança que o homem, apesar de ser um constante mutante em seu comportamento, também busca raízes e bases nas quais se apoiar. Tanto o modernismo quanto o conservadorismo são prejudiciais em seus exageros, mas encontrar um ponto de equilíbrio entre os dois extremos se faz necessário para que as coisas caminhem sem muitas turbulências.

Dedico a todos que acreditaram em meu trabalho e esforço para concluir esta obra, em especial a meus filhos, Claudia, Marcus Vinícius e Gustavo e também a meu marido, que muito me ensinou nesses quase 20 anos de companheirismo.

Prefácio

Escrever sobre o assunto "etiqueta", que para tantos é ainda chamado de "frescura", é como jogar num time onde existe apenas um jogador contra um time inteiro do outro lado. A frase "Nadar contra a correnteza" também se encaixa neste tema "etiqueta". Ter etiqueta, conhecer as regras sociais ou vivê-las não significa ser intocável, ser "fresco" ou ter nascido em berço esplêndido. Entendo que ter etiqueta num mundo cada vez mais globalizado é poder integrar-se a cada cultura, a cada costume de forma correta e respeitosa.

O fascinante mundo das regras, dos limites, do saber se colocar, se apresentar verbal ou visualmente é que determina o grau de sociabilidade de um indivíduo. Lembro-me de um episódio, no local de trabalho, quando uma colega se colocou de forma mais próxima de um visitante que esperava na ante-sala de seu chefe. Esse, na mesma hora, indignado com tamanha liberdade, chamou-lhe a atenção sem pensar duas vezes: "Quem lhe deu tamanha liberdade, para chamá-lo de 'você?'"

Digo que situações como essa podem ser evitadas, se cada pessoa conhecer as regras sociais que lhe cercam.

Quero, ainda, dizer que quebrar paradigmas sobre um determinado assunto é saber evoluir. E através deste livro venho mostrar que isso é totalmente possível, viável e necessário quando se trata de etiqueta social.

O tempo do *glamour* ficou no século passado, onde poucas e afortunadas famílias faziam parte da sociedade; o tempo da rebeldia, em que a moda era ser permissivo, também passou. Hoje, vivemos em um mundo onde o resgate de alguns temas deixados para trás, chamados de retrógrados, na realidade está de volta para colocar, eu diria, "ordem", e regras sociais é um desses temas que, sinceramente, espero que se tornem cada vez mais intrínsecos a cada indivíduo que vive em sociedade, de forma que precisaremos abordá-lo outras vezes, pois todos conhecerão a sua necessidade, principalmente profissional.

Espero, ainda, poder estimular a vontade do leitor em não apenas aprender sobre etiqueta como também trazer-lhe a responsabilidade de repassar o que aprendeu. Só podemos modificar ações quando nos empenhamos em mostrar exemplos. Sendo assim, desejo uma ótima leitura.

Conviver em sociedade não é apenas entrar num grupo, é integrar-se ao mesmo de forma que você saiba viver os limites do seu espaço, o respeito com o outro, suas obrigações e seus deveres.

Linda Borges

Apresentação

Solicitado para fazer a apresentação deste compêndio, poderia cingir-me a indicá-lo como excelente, pelo simples fato de ter sido elaborado pela Linda Borges que já se impõem como educadora na área das Relações Humanas.

A gentileza do convite obrigou-me, no entanto, à leitura cuidadosa da *A Nova Etiqueta para Secretárias*.

Lendo-a, apercebi-me, de início, que longe de escrever um mero trabalho de compilação, a autora esmerou-se, denotando em cada capítulo, o senso didático, (tão raro nos livros hodiernos) pela clareza de exposição e pelo raciocínio empregado, de maneira a permitir que o leitor entenda e pratique as regras e convenções da convivência empresarial.

Suprindo uma lacuna que se apresentava à formação integral dos profissionais, não só daqueles que atuam nas Relações Humanas, mas a todos aqueles que compreendem que o mero conhecimento das técnicas de seu mister não basta para SER um profissional completo.

Estão, pois, de parabéns os nossos leitores por isso que, doravante, encontrarão neste livro: maior facilidade de compreensão e excelente fonte de consulta.

À competente Linda Borges que assim contribuiu com mais um precioso acervo de conhecimentos e esclarecida orientação, as nossas congratulações, e sirva este livro, pela sua aceitação, de estímulo para que possa continuar na obra que assim encetou.

Prof. Antonio Ferreira dos Santos Filho
Diretor da Escola SENAI "Santos Dumont"
de 1993 a 2005
São José dos Campos – SP

Sumário

Introdução: A Nova Etiqueta Social para a Nova Secretária "Assistente" – Por que a Nova Secretária? 1

Capítulo 1: Qualidade no trabalho, Ética Profissional, Relações Humanas e Conflitos nas Relações Interpessoais 5
    Qualidade no Trabalho 5
    Ética Profissional 6
    Relações Humanas 7
    Conflitos nas Relações Interpessoais 9
    Inteligência Emocional 10
    Os Dez Mandamentos da Inteligência Emocional 13

Capítulo 2: Cumprimentos 15
    Quem é Apresentado a Quem? Hierarquia Profissional 15
    Postura Social: Como se Comportar nas Diferentes Situações 18
    Normas e Responsabilidades 20
    Comportamento 21
    O Ouvinte 22
    Aprendendo a Formular Perguntas 23
    Aprendendo a Acatar Novas Ideias 23

Capítulo 3: Montando o Evento da Empresa 27
    Montando Uma Reunião e Formulando Convites 27
    Palestras ou Conferências 28
    Definindo a Grade do Evento 29

Homenagens e Encerramentos 30
Organização de Eventos – Comemorações Oficiais 31
A Elegância das Recepcionistas 31
Palanque 32
Protocolo Oficial da Bandeira Nacional 33
Datas Comemorativas Oficiais Nacionais 34
Datas Comemorativas Nacionais e Internacionais 35
Recepcionando 35
Autoridades – Participação no Evento 37
Montando Mesas de Autoridades para Cerimoniais ou
 Solenidades em Auditórios 38
Montando a Mesa de Refeições 43
Ocasiões Menos Formais 45
Montando um Coquetel – Coquetel/Recepção 47
Arranjos de Flores 53

Capítulo 4: Escritório 55
Tarefas – Organização – Agenda 55
Disposição Correta dos Móveis de Escritório 58
Os Dez Mandamentos da Ética na Internet 60
Lista de Materiais para Uso em Escritório 60

Capítulo 5: Comunicação Escrita 63
Aprendendo a Escrever 63
Exemplos de Cartas Comerciais 73
Currículo 76
Cartão de Visita 81
Dobras no Cartão 83
Impressos em Geral – Modelos 84

Capítulo 6: Viajando pela Empresa 89
Aeroporto 89
Guarda-roupa para 7 dias 90

Capítulo 7: Postura Corporal – O seu Corpo Fala! 93
    O seu Corpo Fala! 93
    Conhecendo os Trajes – Ela 95

Capítulo 8: Cuidados Pessoais 99
    Cuidando da Aparência 99
    Dieta Alimentar: Aprendendo a Comer e a
       Controlar o seu Peso 103
    Tabela de Calorias 105
    Algumas Doenças: Sintomas e Prevenções 109
    Qualidade de Vida 119
    Rotina da Boa Forma 119

Capítulo 9: Momento de Reflexão 123

Capítulo 10: Lei – Assédio Sexual no Trabalho 127
    Assédio Moral 128

Bibliografia 131

Introdução
A Nova Etiqueta Social para a Nova Secretária "Assistente" – Por que a Nova Secretária?

Para alguns, ela sai do rótulo de Secretária e passa a ser a *Assistente*. Nada mais compensador, pois é ela quem muitas vezes decide e executa tarefas importantes no lugar do chefe.

E para essa "nova" profissional surge também a nova Etiqueta Social, que vem agregar conhecimentos e valores para essa profissional que precisa demonstrar que sua eficiência não se restringe a saber escrever corretamente um memorando ou falar duas ou mais línguas, mas, também, conhecer as normas e as regras sociais e protocolares.

Com a globalização do mercado de trabalho, podemos sentir o aumento da competição entre os profissionais das mais diversas áreas; desde o nível médio-técnico ao superior, todos buscando o seu aprimoramento profissional. As mudanças são necessárias e dinâmicas, e elas acontecem exatamente para que os processos sejam aperfeiçoados, mas não podemos nos esquecer do comportamento social (corrigindo, inovando ou, simplesmente, aprendendo a ter boas maneiras).

> *"Os analfabetos do próximo século não são aqueles que sabem ler ou escrever, mas aqueles que se recusam a aprender, reaprender e voltar a aprender."*
>
> (Alvin Toffler)

O profissional que hoje queira se destacar e ter maiores oportunidades precisa ter conhecimentos gerais, conhecer além de sua área de atuação. A coleta de informações deve estar voltada também para os costumes sociais, regras protocolares, hábitos alimentares, hábitos culturais, entre outras regras existentes no mundo, em suas diversas culturas e costumes.

Conviver em sociedade não é apenas entrar num grupo, mas participar dele sabendo e vivendo os limites do seu espaço, o respeito com o outro, suas obrigações e seus deveres.

E para fazer valer as regras da correta conduta social, entra em cena a Etiqueta Social e Profissional, com as suas centenas de regras sociais que ajudam qualquer indivíduo a ser bem-vindo em qualquer lugar da nossa sociedade ou do mundo.

Mas antes de entrarmos no fascinante mundo das regras sociais se faz necessário um breve comentário sobre: Qualidade no Trabalho; Ética Profissional; Relações Humanas; Comportamento com a Empresa e Inteligência Emocional e Social.

Comunicação Interpessoal
Etiqueta – Regras de Comportamento

Capítulo I
Qualidade no Trabalho, Ética Profissional, Relações Humanas e Conflitos nas Relações Interpessoais

Qualidade no Trabalho

– O que é Qualidade no Trabalho?

Primeiramente, qualidade é tudo o que define e caracteriza a satisfação das necessidades e das expectativas de um indivíduo.

A qualidade também se refere à condição que distingue uma pessoa das outras. Esta mesma qualidade nos permite avaliar, aprovar, aceitar ou recusar qualquer coisa. Além disso, é através da qualidade que podemos diferenciar as coisas que achamos necessárias para nós.

> *Cada ser humano possui qualidade própria, mostrando, assim, o seu valor como pessoa ou profissional. Mas não devemos esquecer de que, como os dedos das mãos, ninguém é igual a ninguém e ainda assim precisamos uns dos outros.*

Dentro da qualidade, o bom profissional tem em suas características:

- valor profissional;
- facilidades não só em desenvolver as suas tarefas como também a preocupação constante em aumentar o seu leque de conhecimentos;
- conhecimentos, mas, também, primar em usá-los com excelência.

> *"A qualidade não deve ser tratada apenas como um bem a ser atingido em benefício próprio. A qualidade está em tudo que nos rodeia."*
>
> LINDA BORGES

Nesse momento, estamos falando especificamente da qualidade do profissional e de seu local de trabalho; a qualidade das relações humanas, das relações interpessoais, do nosso bem-estar e das pessoas que trabalham conosco. Mas qualidade é muito mais abrangente.

Qualidade não é metodologia, é Filosofia.

Mas você deve estar se perguntando: O que tem haver Qualidade com a Etiqueta Profissional?

A resposta é: tudo.

Qualidade não custa caro e Qualidade não é luxo!
Toda pessoa que, olhando para dentro de si, conseguir enxergar os seus defeitos além das suas qualidades.

Toda pessoa que não permitir se limitar, mas, ao contrário, souber crescer com ética, dignidade e respeito; com certeza não será mais uma pessoa, mas, sim...
A Excelência naquilo que faz.

Ética Profissional

Falar sobre ética é rever valores sociais, educacionais e morais.

Vejamos que a Ética é formada por um conjunto de valores morais e o homem, por sua vez, é regido por esses valores. Por esse motivo ele pode ter várias visões e nos mais diferentes segmentos, pois depende da criação que cada indivíduo recebeu, do exemplo que teve dentro de casa e do meio social em que vive.

Valores éticos correspondem a moralidade, religião, honestidade, idade, sexo, cor etc. Dentro de tantos valores éticos, podemos ressaltar ainda os que são construtivos e os que são destrutivos. São essas duas classificações responsáveis pela nossa aceitação ou rejeição. Ou seja, é através dos valores construtivos e destrutivos que formamos a nossa consciência moral, dando-nos suporte para avaliarmos o que é o bem e o que é o mal, ou o que é certo e o que é errado.

Como podemos perceber, a ética é composta como um "leque", e aqui falaremos apenas de um dos gomos desse leque, que é a ética profissional ou ética corporativa.

Em um passado não muito distante, encontramos pessoas de nossas relações que nos ensinavam como base educacional social o respeito e os princípios de honestidade e lealdade. Esses conceitos eram levados por toda uma vida. No entanto, o que vemos hoje, seja na vida social ou na vida profissional ou corporativa, é algo que escapa muitas vezes à nossa escala de valores e de princípios de honestidade e lealdade, até mesmo o respeito com o próximo. O que vemos atualmente é uma avalanche de interesses extremamente pessoais que servem apenas para o indivíduo se sobressair perante os demais.

"O que eu quero é atingir a minha meta; o que importa é meu objetivo e minha realização profissional."

Uma bela demonstração de ética corporativa está em defender o respeito ao outro, o espaço imaginário entre o que me pertence e o que pertence ao outro. É o limite, a coerência das ações dos indivíduos que vivem em grupo, o saber estreitar laços de confiança e respeito, com dignidade e sabedoria, com admiração e causa. A ética no mundo corporativo faz valer a máxima de que o nosso espaço termina onde começa o do outro.

Porém, pergunto:

– Será que é necessário tanto egocentrismo para se atingir o objetivo final?

Para refletir:

– Como você vê a ética nos dias de hoje e suas modificações ao longo dos últimos 20 anos?

Relações Humanas

Relações Humanas. Esta expressão traduz o significado do convívio social humano.

"Onde houver dois indivíduos em convivência constante com certeza teremos caracterizado um relacionamento."

(Pierre Weill)

Os relacionamentos existem por vários motivos.

Podemos nos relacionar com as pessoas profissionalmente ou apenas porque tivemos empatia por elas, ou ainda por vários outros motivos. O que devemos avaliar no momento do relacionamento é o seu real propósito, principalmente para que não haja ambivalência nas interpretações. No momento, falamos do ponto de vista profissional. Se as pessoas soubessem se relacionar, poderíamos evitar muitos problemas, principalmente na área profissional.

No ambiente de trabalho, o que predomina e o que devemos avaliar são as condições para uma verdadeira harmonia entre o homem e o seu trabalho, e vice-versa.

Identificando o real motivo e o propósito de um relacionamento, então estaremos caminhando para alcançarmos com êxito um bom relacionamento com os nossos colegas de trabalho.

A base concreta para se relacionar bem é ter percepção dos nossos deveres, obrigações, limites e regras, que fazem da relação social uma relação harmônica.

Uma das grandes dificuldades enfrentadas pelas pessoas hoje, quando se relacionam, é a falta de aceitação da personalidade do outro indivíduo. Cada pessoa tem a sua característica própria, e por esse motivo devemos aprender a aceitá-la como é. Mas na prática não funciona bem assim.

Podemos perceber nas relações sociais que o homem evoluiu e evolui constantemente em busca de tecnologia, mas se recusa a viver antigos valores morais e sociais. Afinal, no momento, o que impera como característica da personalidade do indivíduo é alcançar o seu objetivo, custe o que custar.

Como o assunto é muito extenso, limito-me a resumir que o homem necessita ter uma verdadeira consciência das suas relações. E para alcançar o seu objetivo, principalmente em seu local de trabalho, ele não precisa fazer uso de subterfúgios, o que colocaria a sua integridade em um patamar baixo na escala de valores morais e sociais.

Algumas regras de convivência são observadas a seguir.

Linda Borges

CONVIVENDO EM GRUPO

- Seja gentil com seus colegas, cumprimente-os, diga bom-dia, boa-tarde, boa-noite.
- Não grite para chamar uma pessoa, se possível procure-a.
- Sempre que pedir algo emprestado, peça por favor.
- A palavra obrigado(a) é para ser sempre usada.
- Ajude um colega; não custa nada, principalmente se você já terminou o seu serviço.
- Obedeça sempre o horário imposto; regras são para ser seguidas.
- Toda pessoa é responsável pelas suas atitudes, e o quanto antes você assumir a sua culpa melhor.
- Não desconte em seus colegas os seus problemas, saiba controlar-se, e se não estiver conseguindo, peça ajuda.
- Tenha sensibilidade, não agrida, você receberá em troca o que oferecer.
- Interesse-se pelos seus amigos.
- Não exalte o seu valor próprio; a humildade é mais reconhecida e mais valorizada do que a arrogância.
- Tenha responsabilidades com os seus amigos; um bom amigo responde pelos seus atos.
- Quando quiser ajuda, peça; não envie bilhetes, você gostaria de receber um?
- Não inveje os seus colegas; construa a vida, orgulhe-se do que tem e saiba que você poderá melhorar sempre; tudo que você quiser conquistar na sua vida dependerá unicamente de você.

Conflitos nas Relações Interpessoais

Todos nós passamos por conflitos, sejam externos, sejam internos.

Externos: problemas interpessoais, caracterizados por problemas externos produzidos por uma má-formação social.

Internos: produzidos inconscientemente pela nossa mente, por isso caracterizados como problemas internos.

O relacionamento conflitante externo será diagnosticado por várias formas, sendo uma delas quando nos vemos nos defeitos de outras pessoas e não conseguimos aceitar. É como se fosse um espelho refletindo a nossa imagem e mostrando o que de pior existe em nós mesmos.

O indivíduo que sofre com as relações interpessoais não consegue se relacionar consigo mesmo. Seus defeitos são barreiras constantes para que ele possa aceitar naturalmente a personalidade da(s) pessoa(s) que o cerca(m).

Aceitar as pessoas como elas são sem querer modificá-las é quase ou praticamente impossível para a personalidade conflitante. A sua insegurança, quando uma pessoa funciona como se fosse um espelho, é como se estivesse fisicamente lhe fazendo despertar de um mundo que ele acredita, dentro da sua mente, estar correto.

O outro fator que atrapalha uma relação social da personalidade conflitante é o medo de ser menos capacitado do que o outro indivíduo. Este tipo de conflito interno se manifesta externamente com agressividade, arrogância e, principalmente, vontade excessiva e descontrolada.

Pessoas que sofrem de problemas interpessoais dificilmente serão bem vistas, pois a falha no comportamento pode-lhes trazer de volta o que elas acreditam estar nos outros indivíduos. Sendo assim, o que temos é um círculo vicioso que pode acarretar sérios problemas quando encontrados e não tratados em locais de trabalho.

Por isso, fique atento aos problemas. Eles existem e podem aumentar; o importante é o ser humano ser inteligente o bastante para não se deixar vencer por situações que podem ser resolvidas.

Inteligência Emocional

A inteligência emocional é o equilíbrio do homem com ele mesmo.

LINDA BORGES

É encarada como fator básico para a melhoria do homem, aumentando a sua produtividade, não somente na empresa onde ele trabalha, mas, também, equilibrando a sua auto-estima.

No mundo atual, não podemos mais admitir pessoas que agem de forma contrária ao que acreditam. Esta maneira de ser pode ser tratada como descontrole emocional. E uma pessoa que possui descontrole emocional, quando convivendo com outras em um local de trabalho, por exemplo, pode vir a ser a responsável por problemas graves ou até gravíssimos de relacionamento e de produtividade de um grupo.

Frases como "Faça o que eu mando e não faça o que eu faço" e "Fale o que você falar, mas fale com convicção, que com certeza você estará vendendo a sua idéia e atingindo o seu objetivo" não podem ser encaradas atualmente como corretas e eficazes.

O homem que mantém equilibrado o seu lado pessoal, em que ele se aceita, entende-se e procura dentro de parâmetros ponderados alcançar os seus objetivos, tende a ser uma pessoa mais realizada, mais feliz e não-problemática, assim, mais produtiva. Esta nova visão do homem profissional faz com que ele sinta e possa ter oportunidade de demonstrar mais seus sentimentos.

Todo indivíduo que encontra apoio, sabendo que poderá ser compreendido e não punido, tem mais facilidade em crescer e aceitar novas idéias e sugestões.

APTIDÕES DENTRO DA INTELIGÊNCIA EMOCIONAL

A Inteligência Emocional, segundo o escritor Daniel Goleman, sugere ao indivíduo aptidões básicas apresentadas a seguir para um autoconhecimento.

Conhecer as próprias emoções

Quando aprendemos a conhecer as nossas próprias emoções, a controlar nossos impulsos, enfim, a dominar e a equilibrar nossas ações, nos tornamos pessoas mais seguras. E se somos seguros de nossas atitudes nos tornamos pessoas mais produtivas e menos vulneráveis a fracassos.

Conhecer as próprias emoções qualifica o indivíduo e o destaca como pessoa e como profissional.

Lidar com as emoções

O homem que não tem autocontrole de suas emoções tenta fugir de seus problemas constantemente, ou acredita que eles são fruto de uma segunda e/ou de uma terceira pessoa. Isto pode ser chamado de fuga inusitada, pois continua a atormentar o indivíduo que busca refúgio para a sua falta de sucesso.

O medo de crescer ou de encarar desafios ou uma situação de frente impossibilita o indivíduo de ter um crescimento mental maduro, pois ele vive abaixo somente das suas verdades.

Motivar-se

Um outro fator importante para a inteligência emocional é o *indivíduo motivar-se diante das suas dificuldades*.

Todos nós estamos sujeitos a comportamentos inadequados, principalmente quando não nos controlamos e não nos reconhecemos diante de certas situações. Mas quando aprendemos a enxergar um ponto de motivação para seguirmos adiante em nossas vidas, então estamos percorrendo metas reais e sólidas, acreditando em nossas potencialidades e vivenciando-as de forma correta e sadia. É este o objetivo de quem quer alcançar o caminho certo para a inteligência emocional.

Reconhecer as emoções nos outros

Reconhecer apenas não seria o caminho certo, mas, sim, entender e respeitar as atitudes e as vontades dos outros. Sei que parece quase impossível esta atitude de ser conivente com certos atos alheios, mas não é disso que estou falando. Falo em reconhecer atitudes e tentar, de forma sutil e equilibrada, expor com naturalidade o erro da outra pessoa ou tentar entender o porquê da atitude alheia. Não acredito em aceitar erros e calar-se; acredito em formas corretas de fazer uma correção, isto é, reconhecer emoções.

Precisamos ter sensibilidade na hora de agir, adotar uma postura ética que valorize, que demonstre solidariedade com o próximo.

Lidar com relacionamentos

A inteligência emocional, quando aplicada na hora das relações interpessoais, pode evitar conflitos de qualquer espécie. Quanto mais socialmente formos capazes de nos controlar e de agir de forma não defensiva, estaremos nos demonstrando afetivamente capazes de sermos solidários com os sentimentos alheios. Ou seja, estaremos aptos a nos relacionar com outras pessoas, sem maiores problemas, pois somos capazes de lidar com diversas situações impostas em nossas vidas.

Os Dez Mandamentos da Inteligência Emocional

- Conheça a você mesmo.
- Conheça suas atitudes e seus limites.
- Mantenha-se em equilíbrio com o seu corpo, mente e espírito.
- Conquiste as pessoas com idéias seguras, mas nunca tente impor suas opiniões (quando impomos opiniões, mostramos inconscientemente a nossa insegurança).
- Não afirme jamais que conhece alguém completamente (ninguém conhece uma outra pessoa cem por cento. As ações e as reações de um indivíduo podem ser desconhecidas até mesmo dele próprio).
- Não julgue as atitudes alheias, cada pessoa tem sua própria personalidade e caráter. Se alguma companhia não serve para você, escolha a que lhe convier. Lembre-se sempre do livre arbítrio.
- Aprenda a controlar suas reações e trabalhe seus defeitos para não se prejudicar ou prejudicar outrem.
- Raiva, tristeza, angústia, medo, alegria, saudade etc. são sentimentos normais a qualquer pessoa, o que não é normal é alguém viver somente em função de um deles. Como disse o poeta: "Até mesmo a alegria constante é desespero".
- Não finja ser o que não é, um dia a máscara cai. Ninguém consegue viver uma personalidade que não seja a real 24 horas por dia.

LINDA BORGES

- Motive-se constantemente. Ninguém está nesse mundo simplesmente por estar, todos nós temos uma missão a ser cumprida. Só podemos dizer que alguns assumem suas responsabilidades e brilham, outros preferem ficar na sombra.

No mercado de trabalho, independente da área em que se atue, para este novo milênio a ordem nas grandes empresas é a humanização dos seus setores. O que se busca hoje é trazer de volta a humanização desses funcionários "máquinas" e dar uma nova visão para os novos que surgem dia a dia no mercado de trabalho. Os conhecidos *workaholics* vão desaparecer. Os novos profissionais precisam estar antenados para o que acontece no seu país de origem e no mundo, sem ainda descuidar da família e, principalmente, de si.

Você deve estar se perguntando: *Por que esta mudança?*

Esta conscientização social e profissional está sendo encarada não apenas como uma modificação necessária, mas como essência de uma nova geração que se está formando.

> *"O equilíbrio de um indivíduo começa pela sua família. Se temos pais equilibrados, temos crianças e adolescentes equilibrados. Se temos adolescentes equilibrados, temos adultos equilibrados e de sucesso. Se temos adultos de sucesso, temos uma sociedade equilibrada."*

A Inteligência Emocional ficou mais em evidência no final do século passado, mas ela vem sendo pesquisada há mais de 40 anos.

A cada ano que passa fica maior a necessidade de destacar e melhorar o comportamento do ser humano que vive na sociedade e, principalmente, daqueles que dirigem ou coordenam grupos (família, gerentes, diretores, etc.).

É preciso saber que o equilíbrio depende do funcionamento ordenado de pessoas que convivem em um grupo. Pensamentos, atitudes e até mesmo alterações fisiológicas podem levar a um desequilíbrio (individual, do grupo social ou profissional).

Vejamos algumas regras que ainda prevalecem e que fazem muita diferença para quem as conhece.

Capítulo 2
Cumprimentos

"Lapidação Social é ter conhecimento e respeito referentes aos valores morais e sociais que regem uma sociedade justa e equilibrada."

Quem é Apresentado a Quem? Hierarquia Profissional

Na hierarquia profissional, a regra da etiqueta social se altera nas escalas de valores, modifica-se. O homem "chefe" é cumprimentado pela sua secretária, e cabe a ele estender a mão ou não para a mesma.

Caso a secretária tenha mais idade do que o seu superior, o que prevalecerá será a condição profissional. Ou seja, o privilégio nesse caso continua sendo o do chefe.

Quanto às apresentações verbais, vale a regra: o funcionário será sempre apresentado ao patrão e nunca o patrão ao funcionário.

Observação: Quando cumprimentar alguém de nível superior, sempre espere que ele estenda a mão. Beijo na face, em pessoas estranhas, nem pensar!

CUMPRIMENTO VERBAL

O cumprimento verbal deverá ser claro, sem qualquer intimidade, mesmo que você seja amigo social do chefe.

Bom-dia, boa-tarde, ou boa-noite, acompanhados de um sorriso, fazem bem a qualquer pessoa.

As expressões verbais identificam os conhecimentos, ou melhor, a riqueza do vocabulário de um indivíduo, desde que colocadas com harmonia e ordem nas frases.

Educando o tom de voz e falando pausadamente

Nada mais deselegante do que uma pessoa que para se fazer ouvir precisa elevar o seu tom de voz. Existem pessoas que ao falarem não percebem que gritam mais do que falam. Se você tem este defeito, eduque a sua voz. Pense antes de falar, fale correta e pausadamente. Perceba o ambiente e com quem você está falando. Mas também não solte a voz como se você estivesse cochichando; alcance o meio termo, dê equilíbrio à sua voz.

O som da voz que sai da nossa boca não é igual ao que as pessoas ouvem. E, além disso, precisamos ter cuidado não somente com o tom de voz, mas, também, como nos comunicamos.

Falando pausada e corretamente

Aprendamos agora sobre a regra do emissor, da mensagem e do receptor. Nem tudo o que falamos poderá ser compreendido por quem nos ouve caso a mensagem não seja clara e objetiva. Por isso, quando conversamos, precisamos ter certeza de que a mensagem passada foi bem recebida e compreendida como gostaríamos que fosse.

Vejamos um exemplo claro da brincadeira do telefone sem fio. Toda vez que contamos uma história ocorre o aumento, a diminuição ou, o que é pior, a distorção do fato verdadeiro.

Para que isso não ocorra, ao explicarmos algo, precisamos conferir se o receptor entendeu a mensagem por nós emitida, ou seja, peça o *feedback*.

CUMPRIMENTO SEGUIDO DE CONTATO FÍSICO – APERTO DE MÃO E BEIJO NA FACE

Cumprimento seguido de contato físico, como aperto de mãos por exemplo, terá a iniciativa do indivíduo mais importante para o menos importante, como mencionado anteriormente no item "Quem é Apresentado a Quem?".

O beijo na face será permitido apenas entre pessoas íntimas, mesmo assim não acontecendo no local de trabalho.

A importância de um aperto de mão

Pelo aperto de mãos podemos identificar um pouco da personalidade de uma pessoa.

Pensando nisso, comecei a avaliar as pessoas com as quais entrava em contato. Tentei identificar um pouco da personalidade através do aperto de mãos. Eu, particularmente, pouco me enganei com a personalidade das pessoas quando assim avaliadas. Mas não precisamos ir até as minhas pesquisas, basta prestarmos atenção nas pessoas públicas. Veja os exemplos dos políticos, ou pessoas que vivem em sociedade, onde uma quer sobressair em cima da outra. Os políticos chegam praticamente a quebrar as mãos dos eleitores ao cumprimentá-los; com esse gesto querem passar segurança em demasia e honestidade, qualidades que muitas vezes não têm. Outros seguram a mão apenas por segurar, dão tapinhas nas costas, e nunca olham nos olhos quando falam e fingem uma personalidade íntegra.

Outro bom exemplo é que uma boa parte das pessoas que vivem e/ou circulam em sociedade tem uma insegurança muito grande. Essas pessoas nunca se mostram como são verdadeiramente, pois o que impera muitas vezes dentro desses relacionamentos é a troca de interesses. O pensamento dessas pessoas é: "O que posso obter em troca da amizade", pois a suposta amizade aqui caracterizada é, na realidade, troca de interesses.

Preste atenção e avalie você mesmo!

Observação: Há vários tipos de aperto de mãos: o sincero, o falso, o honesto, o fraco, o forte demais, o inseguro.

Tomemos dois como exemplo:

- aperto de mãos honesto e sincero: ele é seguro sem ser forte ou fraco demais; consegue encontrar o equilíbrio entre ambos, passando-nos segurança e calor humano;
- falso aperto de mãos: aquele que você nem sente ou parece estar com nojo (no meu ponto de vista, um dos piores).

Postura Social: Como se Comportar nas Diferentes Situações

Todas as vezes que falamos sobre postura, quase que inconscientemente associamos à postura física, e automaticamente corrigimos o nosso corpo. Mas, aqui, nos referimos à postura intelectual, a que nos qualifica e nos distingue quando estamos frente a uma determinada situação.

Por esse motivo, vale dizer, mesmo que em certas situações nos pareça impossível, devemos pensar antes de agir.

Então, tente manter o equilíbrio nas situações a seguir listadas.

- Quando alguém atacar você verbalmente, respire fundo, conte até dez ou até mil, se necessário, mas não revide, não "bata boca". No local de trabalho, o melhor é manter a postura do silêncio.
- Seja sempre prestativa, mas sem ser inconveniente. Oferecer ajuda é se mostrar presente sem ser insistente.
- Se você está pronta para encerrar mais um dia de trabalho e o seu superior lhe pedir algo de última hora, ou mesmo marcar uma reunião quando você já tem compromisso marcado, o melhor é desmarcar o seu compromisso; o trabalho é a prioridade na sua vida.
- Quando o seu superior lhe pedir algo, confirme se é isso mesmo que ele precisa. Caso faça isso e ainda assim ele disser que não era bem isso que ele queria, não responda nada. Demonstre apenas que você pode fazer tudo novamente.

Os termos "submissão" e "eficiência" não estão relacionados um ao outro, mas muitas vezes eles aparecerão em conjunto em alguma situação. Isso não quer dizer que você seja menos ou mais importante, mas sim que temos que ceder, aceitar e cumprir regras.

Senso de Oportunidade

Realmente nem todo mundo sabe o real significado da palavra "oportunidade".

Então, o que é oportunidade?

A palavra oportunidade vem do latim *oportunitate*, que significa situação adequada, conveniente.

Uma situação nada conveniente ou inadequada, por exemplo, é alguém querer tirar proveito do fato de se encontrar diante de uma pessoa importante. Algumas pessoas acham que o médico, o advogado, o psicólogo ou o dentista são típicos profissionais que não têm hora para trabalhar, e por essa razão, de maneira inconveniente, resolvem pedir uma consulta sem levar em consideração o momento ou o lugar em que se encontram. Quem age assim, definitivamente, não tem senso de oportunidade.

As oportunidades não surgem num passe de mágica. Precisamos aprender a criá-las e a percebê-las, com bom senso e educação. Precisamos respeitar a individualidade do outro, precisamos ter sensibilidade, ser discretos e sensíveis. Ter oportunidade é avaliar as circunstâncias, percebendo se o momento é favorável ou não ao que você deseja.

Saber quando falar e quando se calar é ter senso de oportunidade e, acima de tudo, é ser inteligente.

Uso Correto do Cartão de Visita

O cartão de visita profissional deve ser entregue assim que a pessoa esperada se sentar à mesa de reuniões. São feitas as apresentações verbais e, em seguida, a troca de cartões.

Outra maneira correta de usar o cartão é entregá-lo, oferecendo os nossos serviços a pessoas que acabamos de conhecer. Pode-se também pedir discreta e educadamente o cartão de pessoas com as quais acreditamos ser interessante manter contato.

Observação: Quando você estiver usando o cartão profissional (como ao mandar flores, por exemplo) devem ser riscados categoria de trabalho, o nome da empresa onde trabalha, o telefone do escritório e o endereço. Deixe, apenas, o telefone residencial.

Interrompendo uma Conversa, uma Reunião ou um Telefonema

A interrupção de uma conversa, de uma reunião ou de um telefonema exige certo cuidado. Para isso, você deve saber:

- ao atender um telefonema, se estiver ocupada peça um minuto, mas antes verifique o assunto. De repente, pode ser algo muito simples de se resolver;
- caso esteja falando com alguém e o telefone toque, atenda-o imediatamente, pedindo licença e demonstrando interesse com quem está à sua frente;
- no meio de uma reunião, peça licença e use o bilhete para passar qualquer tipo de informação.

Normas e Responsabilidades

Quando seu chefe receber um convite, certifique-se da presença de autoridades no mesmo evento.

Saiba que em alguns eventos seu chefe poderá ir acompanhado da cônjuge. Nesse caso, avise-o com a maior antecedência, e coloque-se à disposição para mais informações.

Há outras ocasiões em que você deverá ou poderá acompanhá-lo, por isso certifique-se com o seu chefe se realmente ele fará questão da sua presença.

Um dado importante: no convite deverá sempre vir especificado com que traje as pessoas deverão comparecer. Cheque essa informação e transmita-a ao seu chefe. Podemos citar como exemplo os militares: para cada solenidade exige-se um fardamento.

Nota: Caberá à secretária de diretoria ou à relações-públicas de gabinete de uma empresa ou de um instituto responsabilizar-se pelo bom desenvolvimento de um evento. A primeira impressão de uma empresa junto aos seus clientes está ligada à organização e à responsabilidade, que, por sua vez, estão ligadas ao seu chefe, ao diretor ou ao presidente, e você é responsável por essa imagem.

A secretária ou a relações-públicas que estiver à frente de um evento terá que tomar o cuidado de não enviar um convite de última hora. Além de ser descortês, demonstra a falta de importância para com a pessoa convidada.

Comportamento

Para o tema "Comportamento" achei necessário fazermos uma breve reflexão, e nos atermos a como devemos nos comportar em determinadas ocasiões sociais ou principalmente de trabalho, mesmo que nos pareça pura perda de tempo estar presente.

COMPORTAMENTO DO TREINANDO OU OUVINTE

Quando você for o(a) treinando(a), tenha bom senso. Saiba que todos os dias aprendemos novas coisas. Se você não estiver apto a aprender, tudo bem, mas o ser humano precisa saber ouvir e a tirar proveito das coisas, mesmo que pareça não lhe servir para nada. Na realidade, sempre temos algo a aprender, principalmente com aquela pessoa que parece não poder nos oferecer qualquer coisa.

O autocontrole de uma pessoa depende dela. Saber absorver ou eliminar o que não lhe interessa sem agredir um outro indivíduo é uma característica de equilíbrio pessoal. Já se esse mesmo indivíduo tiver reações contrárias ao que estamos falando, tenha certeza de que o seu processo evolutivo social será mais penoso, proporcionando muitos aborrecimentos.

SEGUINDO AS REGRAS DA BOA CONDUTA SOCIAL

A nossa consciência

Infelizmente, poucas pessoas se preocupam em seguir as regras. Se muitas nem mesmo as conhecem, como poderiam fazê-lo?

Acreditamos estar na hora de começarmos a vivenciar as regras da boa conduta, fazer valê-las, seja em casa, no trabalho, seja na comunidade ou onde você estiver.

Tive o prazer de ler bons livros, e a oportunidade de aprender muita coisa com um dos mais sábios que já li: a "Santa Bíblia". Não me lembro muito bem do capítulo ou do versículo, mas sempre falo aos meus filhos sobre o que li. Toda vez que praticamos algo errado e não sabemos que é tão grave assim, somos rapidamente perdoados, mas, a partir do momento que praticamos o errado sabendo e tendo plena consciência do que estamos fazendo, somos culpados em dobro pelo nosso erro. Para quem não acredita e nem é religioso, pode-se citar aqui a lei dos humanos, a terrena. Dentro das diversas leis jurídicas, existe a figura do crime doloso e a do crime culposo. O primeiro cometido intencionalmente e o segundo acidentalmente. Na Santa Bíblia, um e outro significam a mesma coisa.

O homem sempre paga pelos seus erros. Mais cedo ou mais tarde, ele é cobrado pelas suas falhas, e não adianta fugir das responsabilidades.

Vocês devem estar-se perguntando por que estou citando essas coisas. Eu já ouvi e fui interrompida no meu raciocínio em uma palestra que eu ministrava por causa da insensibilidade de uma ouvinte. Tenho certeza de que se ela estivesse diante de uma televisão mudaria o canal, pois o que eu citava deve tê-la ferido e muito. Em minhas palestras, costumo chamar a atenção das pessoas acerca de suas responsabilidades, e o ser humano não quer isso.

Hoje, o homem está imerso no seu egoísmo e na sua negligência. Muitas vezes, não assume suas próprias falhas e sempre acha alguém em quem depositar sua culpa, mas quase nunca se assume responsável.

É preciso acabar com isso. Algumas pessoas deixaram de lado regras da boa conduta social e da etiqueta por acreditarem que elas estavam ultrapassadas, quando, na verdade, não estão. Esta mudança pode ser difícil: resgatar valores morais e educacionais. Não se pode, porém, desistir disso.

> *A nossa felicidade depende exclusivamente de nós, dos ensinamentos vivenciados e passados adiante também por nós.*

Então, é só colocarmos em prática essas regras e fazer valê-las. Se as passarmos adiante, com certeza estaremos cumprindo a nossa parte. Ainda que o erro persista, nossa culpa será bem menor.

O Ouvinte

Ao ouvinte deve ser dada atenção especial. Falo como conferencista. Muitas vezes, os ouvintes de uma palestra fazem uma pergunta infundada simplesmente porque não estavam prestando a devida atenção no assunto em pauta. Assim:

- ao se manifestar, peça licença se não houver esquema de perguntas por escrito;
- o ouvinte tem todo o direito de não aceitar o que o conferencista está falando, mas, se ele quiser, pode manifestar-se, desde que não afronte o conferencista. Eu mesma costumo dizer aos meus treinandos que não tenho a pretensão de agradar a todos, pois Jesus veio à Terra e não o conseguiu.
- o ouvinte pode-se manifestar sempre que quiser, desde que siga as regras e as normas estabelecidas no início e pela própria comissão organizadora da palestra.

Aprendendo a Formular Perguntas

Algumas coisas eu admiro em uma pessoa: a sua simplicidade, a sua honestidade e o seu bom caráter.

Podemos ver um pouco dessas características em um indivíduo quando ele se manifesta.

Formular perguntas, qualquer um o faz. O problema é como fazê-lo sem agredir o indivíduo questionado.

Para conseguirem agir dessa forma, tenham simplicidade ao se manifestar e humildade. Tom de arrogância, superioridade e o julgamento de "saber tudo" são dignos de pena. Denotam estacionamento na sua evolução social, cultural e, principalmente, espiritual.

Espero de coração que você possa pensar a partir de agora como anda o seu relacionamento com as pessoas. Faça uma reflexão sobre o assunto, veja se você sabe conversar com as pessoas, se você é uma pessoa de fácil entendimento. Agora, se perceber algo errado, corrija-se; há sempre tempo para mudanças.

Aprendendo a Acatar Novas Ideias

Quem ouve aprende mais; assim procure colocar em prática as regras a seguir:

- saiba ouvir, sem questionar;
- use o raciocínio, seja inteligente, não levante polêmicas sem fundamentos;
- todos os dias aprendemos, mesmo que seja com uma criança, um faxineiro, um empregado;
- as novas ideias podem assustar-nos, e nos causar pânico, mas as mudanças são necessárias para o nosso crescimento;
- antes de acusar, olhe e perceba se você não está sendo pior do que a pessoa que errou;
- homem inteligente ouve, ensina e vive o seu ensinamento;
- a criança respeita o velho, mas o velho sábio também respeita a criança.

Como Reagir ou Agir Quando o Assunto Atinge Diretamente Você

É muito difícil ouvir sobre um assunto, quando ele nos atinge diretamente. Mas faz parte da nossa vida ouvir e absorver ou filtrar as coisas que acontecem ao nosso redor.

Muitas vezes, pensamos que podemos agredir para nos defender, mas, quando agimos assim, perdemos todos os nossos direitos.

O autocontrole, muitas vezes, pode parecer impossível em certas circunstâncias, mas é necessário pelo menos tentar mantê-lo. A paciência é uma das virtudes que o homem precisa aprender a cultivar, mesmo que o seu impulso emocional, ou nervoso, diga-lhe o contrário.

A pessoa sensata sabe esperar, sabe agir e, principalmente, não se preocupa em revidar.

> *"O coração do homem precisa de paz, só assim ele alcançará o equilíbrio na sua mente e a sabedoria na sua vida."*

Dentro de uma organização militar, todos devem ser tratados de acordo com as suas patentes, mas, nem por isso, a secretária de um capitão terá o direito de tratar mal um subordinado dele.

LINDA BORGES

Não se pode esquecer que quem tem a patente é o capitão e não a secretária. A ela cabe o envio de informações para uma empresa ou um instituto. Estas informações devem chegar nas mãos de seus destinatários com um mínimo tempo possível.

Capítulo 3
Montando o Evento da Empresa

Montando Uma Reunião e Formulando Convites

Para montarmos uma reunião empresarial, devemos levar em consideração alguns pontos, dentre eles:

- o tema a ser tratado na reunião da empresa;
- o perfil das pessoas que deverão participar da reunião (antes de formular o convite, verifique se o perfil da pessoa é justificado para integrar-se na reunião);
- tenha o cuidado de especificar ao convidado a carga horária da reunião, o tema a ser tratado e se será permitida a apresentação de ideias e propostas.

CONFIRMANDO AS PRESENÇAS

Confirmar a presença é tão importante quanto fazer o convite. É aconselhável que a secretária que esteja dando apoio direto na organização de uma reunião lembre os convidados do compromisso assumido e peça a confirmação da presença.

MONTANDO A MESA DE REUNIÕES

Definindo os lugares a serem ocupados

A mesa de reuniões deverá ser ampla, com espaços de, pelo menos, 50 cm entre as cadeiras, sem contar com a ocupação física da mesma.

Na cabeceira, deverá sentar o Presidente ou o Diretor da empresa. Se houver um assessor ou outra pessoa que conduzirá a reunião, esta deverá estar ao lado do Presidente ou do Diretor.

A secretária que acompanhará a reunião deverá estar à direita e atrás do seu chefe.

Em cima da mesa de reuniões deverão constar o programa da reunião, papéis em branco, lápis e esferográficas como cortesia para quem participa.

Material de apoio – Sala de reuniões

Na sala de reuniões, deverá haver uma mesa de apoio, onde estarão água, café ou suco natural e chá, bem como adoçantes e açúcar.

Para pessoas que tomam *drinks* após uma reunião, é bom lembrar que bebidas alcoólicas só podem ser servidas após as 17 horas.

Palestras ou Conferências

DEFININDO O TEMA E O OBJETIVO

Atualmente, comemoram-se várias datas. Desde as datas oficiais até as comemorativas da empresa, datas comemorativas oficiais e as datas populares. Seja qual for o caso, e se você quiser comemorá-las, faça-o de forma correta.

Ao montar uma palestra ou uma conferência para a sua organização, saiba que o primeiro passo é ter objetividade e atingir as necessidades da empresa. O tema a ser abordado deverá acrescentar algo na melhoria das condições dos empregados dela.

O cronograma de palestras ou de treinamentos de uma empresa deve ser definido sempre com certa antecedência para uma melhor qualidade do produto a ser oferecido para seus funcionários.

(Veja Datas Comemorativas Oficiais Nacionais na página 34.)

NÚMERO DE PALESTRANTES

O número de palestrantes é um ponto importante. Tempo na empresa é dinheiro. Mesmo que este funcionário esteja estudando e aperfeiçoando os seus conhecimentos, a empresa precisa da mão-de-obra de seus funcionários, e, por isso, minimizar com qualidade é prioritário no momento.

Saiba também que após convidar um palestrante e confirmar a sua presença para um evento, não é cortês que se desfaça o convite sem uma justificativa lógica.

Observação: Convide o palestrante ou o conferencista com 30 dias de antecedência.

Definindo a Grade do Evento

Definir a grade é estabelecer como será realizado um evento. Serão identificados itens como:

- carga horária;
- assunto a ser abordado, no caso de palestras ou conferências;
- número e carga horária para cada palestrante ou conferencista;
- *coffee-break* etc.

PESSOAL DE APOIO (RESPONSABILIDADES)

Tempo para Debates, Perguntas e Respostas.

Uma pessoa de voz clara e que faça uso do português correto deverá ser a oradora do evento.

A cargo desta pessoa ficarão:

- a abertura do evento, com especificação da grade do mesmo a todos os ouvintes, da hora prevista de encerramento e se haverá ou não *coffee-break* como intervalo e no final do evento;
- o anúncio aos participantes das regras a serem cumpridas pelos mesmos como, por exemplo:
  - se poderão se retirar ou não antes do tempo previsto;
  - quanto tempo terão para perguntas e respostas, e como estas deverão ser feitas;
  - apresentação do(s) palestrante(s);
  - apresentação, pela oradora, de cada pessoa que se manifestará mais ativamente no evento, como o presidente da empresa, palestrantes, convidados especiais etc.

Entende-se por Pessoal de Apoio:
- as pessoas que receberão as perguntas e as lerão antes de passá-las ao palestrante;
- secretária de palanque;
- pessoal do bufê.

Homenagens e Encerramentos

As homenagens deverão ser feitas de modo singelo e rápido pelos anfitriões representantes diretos da empresa.

O encerramento poderá ser feito pelo presidente da empresa ou pela pessoa designada para representá-lo (mestre-de-cerimônias, se houver um).

Coffee-break

O *coffee-break* poderá ser simples ou um pouco mais sofisticado.

Menu Simples:
- Café.
- Chá.
- Sucos (pelo menos dois tipos).
- Biscoitos de água e sal.
- Biscoitos variados.

Menu Completo:
- Café.
- Chá.
- Sucos (variados).
- Água com e sem gás.
- Biscoitos (variados).
- Torradas.
- Bolos.
- Salgados quentes.
- Canapés.
- Frios em geral.

Observação: Deverão ser usados copos, talheres (se necessário) e guardanapos de papel com o timbre da empresa.

Organização de Eventos – Comemorações Oficiais

Cabe à secretária verificar se tudo está corretamente organizado para a realização de um evento.

O primeiro passo é escolher o local adequado para comportar bem e confortavelmente os convidados. Em seguida, é importante checar se existe aparelho de ar-condicionado (quente e frio) e se está em perfeitas condições para uso. E também verificar se há um guarda-volumes (nada de vitrines de bolsas, blusas etc. à vista de todos). O guarda-volumes deve ficar em lugar discreto e seguro, de preferência com uma pessoa específica tomando conta da entrada e da retirada de objetos. O sistema de som e o microfone devem ser testados a fim de evitar transtornos no caso de um possível pronunciamento.

Auditório

Para os eventos feitos em auditório, seguem as regras:

- na primeira fileira, sentam-se as autoridades que não compuserem a mesa em cima do palco, ou as que esperam ser chamadas para compor a mesa; na mesma fileira deverão se sentar esposas e filhos de autoridades que estiverem compondo a mesa de autoridades no palco;
- da segunda fileira em diante, sentam-se repórteres, jornalistas e pessoas da sociedade local.

A Elegância das Recepcionistas

Não existe nada mais deselegante do que uma recepcionista não saber se comportar ou, ainda, não saber o que vestir.

Um amigo me contou que ele esteve em uma festa onde o evento era organizado por uma empresa de pneus. A empresa contratada mandou para este evento moças muito bonitas, porém com o traje nada apropriado: em um evento onde só havia homens, as garotas trajavam minissaias e blusas transparentes. O anfitrião do evento, ao perceber que se criava uma situação constrangedora, ordenou, muito rapidamente que colocassem nessas moças macacões da empresa. Por certo, elas ficaram bem mais cobertas, mas ainda não estavam trajando o uniforme correto para recepcionistas.

Na realidade, quem decide a roupa das recepcionistas é quem as contrata. Assim, se a empresa contratante quiser colocar macacões ou camisetas nas recepcionistas, poderá fazê-lo desde que essas peças estejam de acordo com o manequim delas. Deve-se, porém, dar preferência à elegância e à seriedade dos *tailleurs*, acompanhados de calça ou saia oficial (dois dedos acima dos joelhos), que servem para qualquer hora e passam uma imagem mais profissional.

Os cabelos das recepcionistas podem estar soltos, desde que bem arrumados. As bijuterias e a maquilagem devem ser discretas. Não usar batons vermelhos, cor de fogo.

Os convidados devem sempre ser recebidos com a frase:

"Boa-noite, sejam bem-vindos".

Outro ponto importante é que as recepcionistas deverão ser em número suficiente para se revezarem. Enquanto uma (ou algumas) encaminha(m) os convidados aos seus devidos lugares, acomodando-os, outras os estarão recebendo na portaria.

Palanque

O local para quem irá discursar deve estar um patamar um pouco acima da visão dos convidados, se possível um palco.

Posição das Bandeiras

A posição das bandeiras é muito importante para uma cerimônia oficial (jogos industriais, regionais ou nacionais). Isso porque é pela bandeira que se distingue onde é sediado ou está sendo realizado o suposto evento.

Disposição correta das bandeiras

No caso de eventos oficiais, as bandeiras das cidades, estados, países, empresas, organizações participantes etc., deverão ser colocadas ao fundo do palco.

Observação: atenção para a bandeira nacional que estiver rota ou rasgada. Isso quer dizer que ainda devemos ter um cuidado especial para que não se hasteie a bandeira nacional se a mesma não apresentar plena condição visual.

Quanto ao Hino Nacional, cantado ou tocado, vamos ouvi-lo ou entoá-lo? O anfitrião deve deixar claro ao iniciar a cerimônia qual postura seguir, convidando a todos a ouvir ou entoar o hino de forma que todos se apresentem em pé, de maneira respeitosa, séria e patriótica.

Já a bandeira da cidade anfitriã deverá estar em destaque, juntamente com a bandeira do país de origem e da empresa organizadora do evento, ou seja, ao lado do palanque. Do lado direito, a Bandeira Nacional. Do lado esquerdo do palanque, a estadual e a municipal e ainda a da empresa organizadora do evento.

Veja a figura abaixo.

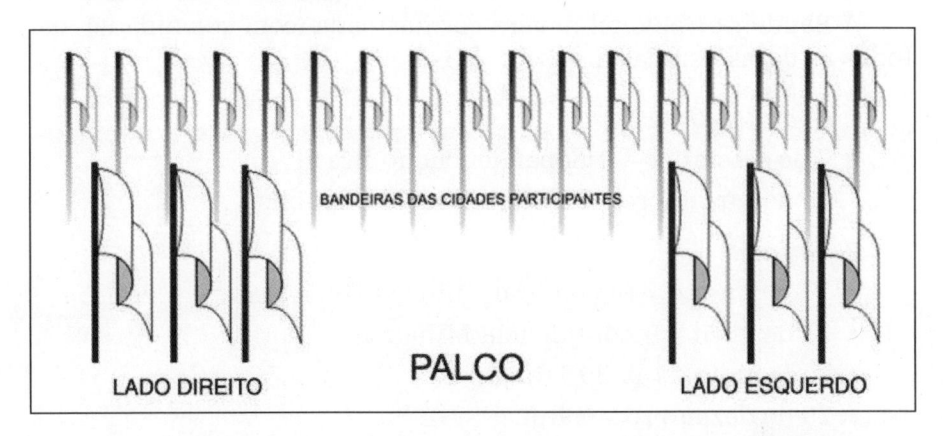

A Bandeira Nacional deverá ser a primeira a ser hasteada e a primeira a atingir o topo, quando hasteada simultaneamente com outras bandeiras. No entanto, deverá ser arriada por último.

Protocolo Oficial da Bandeira Nacional

Art. 15 – A Bandeira Nacional é hasteada no mastro principal das Organizações Militares, diariamente, às 8 horas, e arriada às 18 horas ou ao pôr-do-sol.

§ 1º – No dia 19 de novembro, Dia da Bandeira, o hasteamento é realizado às 12 horas.

§ 2º – Quando permanecer hasteada durante a noite, a Bandeira Nacional deve ser iluminada.

Art. 150 – Nos dias de Luto Nacional e no Dia de Finados, a Bandeira é mantida a meio mastro.

§ 1º – Por ocasião do hasteamento, a bandeira vai até o topo do mastro, descendo em seguida até a posição a meio mastro; por ocasião do arriamento, a Bandeira sobe ao topo do mastro, sendo em seguida arriada.

§ 2º – Nesses dias, todos os símbolos e insígnias de Comando permanecem também a meio mastro.

Datas Comemorativas Oficiais Nacionais

A Bandeira Nacional deverá ser hasteada (com solenidade), em todas as datas listadas a seguir.

1. Grandes Datas
- 7 de setembro – Independência do Brasil.
- 15 de novembro – Proclamação da República.

2. Feriados
- 1º de janeiro – Dia da Fraternidade Universal.
- 21 de abril – Inconfidência Mineira.
- 1º de maio – Dia do Trabalho.
- 25 de dezembro – Natal.

3. Datas Festivas
- 21 de fevereiro – Comemoração da Tomada de Monte Castelo.
- 21 de março – Comemoração da Revolução Democrática.
- 22 de abril – Dia da Aviação de Caça.
- 8 de maio – Vitória na Segunda Grande Guerra Mundial.
- 11 de junho – Comemoração da Batalha Naval do Riachuelo.
- 25 de agosto – Dia do Soldado.
- 23 de outubro – Dia do Aviador.
- 19 de novembro – Dia da Bandeira Nacional.
- 13 de dezembro – Dia do Marinheiro.
- 16 de dezembro – Dia do Reservista. Dia do Aniversário da Organização Militar.

Datas Comemorativas Nacionais e Internacionais
(Apenas a Título de Conhecimento)

- 8 de março – Dia Internacional da Mulher.
- 27 de março – Dia Mundial da Juventude.
- 7 de abril – Dia Mundial da Saúde.
- 14 de abril – Dia do Pan-Americano.
- 15 de abril – Dia do Desenhista.
- 22 de abril – Dia do Livro.
- 28 de abril – Dia da Educação.
- 30 de abril – Dia Nacional da Mulher.
- 1º de maio – Dia do Trabalho.
- Segundo domingo do mês de maio – Dia das Mães.
- 30 de maio – Dia do Shaviot/Festa Judaica.
- 5 de junho – Dia Mundial do Meio Ambiente.
- 12 de junho – Dia dos Namorados.
- Segundo domingo do mês de agosto – Dia dos Pais.
- 11 de agosto – Dia dos Advogados e dos Estudantes.
- 27 de agosto – Dia do Psicólogo.
- 7 de setembro – Independência do Brasil.
- 30 de setembro – Dia da Secretária.
- 2 de outubro – Dia do Dentista.
- 12 de outubro – Dia da Criança e de Nossa Senhora Aparecida.
- 18 de outubro – Dia do Médico.
- 15 de novembro – Proclamação da República.

Recepcionando

A recepção sempre será feita pelos anfitriões da empresa. Por sua vez, a secretária acompanhará seu chefe para auxiliá-lo no que for necessário.

LINDA BORGES

Importante: Nessas ocasiões erros serão imperdoáveis, por isso cada detalhe fará a diferença na boa organização. Desde a lista de convidados até o término do evento, a secretária deve estar atenta a tudo.

Quando se organiza um cerimonial, deve-se fornecer na entrada aos convidados uma programação do evento, informando os mesmos sobre quem está participando ativamente.

Não pode acontecer de os apresentadores chamarem uma pessoa para entregar um troféu e, em seguida, chamá-la novamente para discursar sem ao menos se ter um esboço por escrito do que deveria falar no momento, ou ainda, chamar alguém para compor a mesa ou fazer entrega de premiação a uma pessoa que não esteja presente.

Observação: Toda pessoa que discursa sente sede, por isso é importante colocar um copo de água próximo a ela. Essa atitude mostra a atenção dos organizadores para com quem discursa.

Quando houver uma mesa de honra, onde estarão sentadas as pessoas de maior autoridade, segue-se o protocolo.

Observação: Todas as cidades, estados e o Distrito Federal têm um protocolo, que deve estar à disposição em bibliotecas e/ou em departamentos de eventos. Os organizadores de eventos devem seguir as orientações previstas nele.

Consulte
- Decreto nº 83.186, de 19 de fevereiro de 1979. Eventos oficiais no Distrito Federal/Brasília.
- Manual de 5 de janeiro de 1978, para eventos realizados no estado de São Paulo.
- Decreto nº 30.012, de 31 de dezembro de 1980.
- Para cerimônias militares consulte: CERIMONIAL (RCCONT).

Definindo quem participará mais ativamente no evento da empresa

Parece futilidade citar este tema, mas não é.

- acomode as pessoas que participarão mais ativamente do evento de forma que você tenha o controle da saída delas. Assim, se precisar chamá-las, será mais fácil checar se ainda estão presentes.

É muito importante que se defina quem participará até mesmo da entrega de troféus. Não dá para você decidir que um convidado importante, que esteja presente em um evento, discurse de última hora, ou preste uma homenagem sem ao menos ter sido comunicado com antecedência. Eu já vi isso acontecer e também vi a relações-públicas passar vergonha por anunciar o nome de um convidado e solicitar que lhe entregassem um troféu, quando, na verdade, ele já havia ido embora. Preste atenção aos mínimos detalhes, eles sempre farão a diferença.

Autoridades – Participação no Evento

As autoridades ou os convidados de honra devem sempre se sentar na primeira fila.

As autoridades políticas discursarão depois do anfitrião que abrirá o evento.

É dado o direito de discurso às pessoas que estiverem representando oficialmente uma cidade, um estado ou um país, devendo estas ocupar lugares de honra em auditórios, salões, mesas etc.

Os comandantes de organizações militares (Oficiais Superiores, ou seus representantes, como manda a hierarquia das Forças Armadas) poderão participar desde que devidamente autorizados pelo comando superior de sua base de origem. Fica vedado ao militares dessas forças qualquer pronunciamento através da mídia (rádio, TVs, jornais etc.) sem a devida autorização do seu comando superior.

Autoridades – Civis e Públicas

As autoridades civis e públicas estão classificadas como pessoas da sociedade e artistas em geral, e deverão ser tratadas com a mesma atenção e respeito dispensados aos anteriormente citados.

AUTORIDADES MILITARES

As autoridades militares serão recebidas e anunciadas com honras militares em um evento. Um evento civil deverá dar destaque ao militar que ali estiver representando a sua corporação.

O comandante de uma base militar, dentro da conduta ética, será superior a qualquer autoridade civil que estiver presente a um evento civil, mesmo que esse evento seja oficial da cidade, ou do estado. Dentro de um evento militar será seguida a ordem da patente de militares presentes ao evento.

Montando Mesas de Autoridades para Cerimoniais ou Solenidades em Auditórios

O primeiro passo para se montar uma mesa corretamente é definir a presença das autoridades. Em seguida, montar um desenho para colocá-las corretamente sentadas.

Mesa de autoridades da organização do evento e convidados mais importantes:

A – Anfitrião.

G – Governador.

PR – Presidente da República.

PL – Prefeito Local.

C – Convidado (pode-se ter um ou mais convidados de honra).

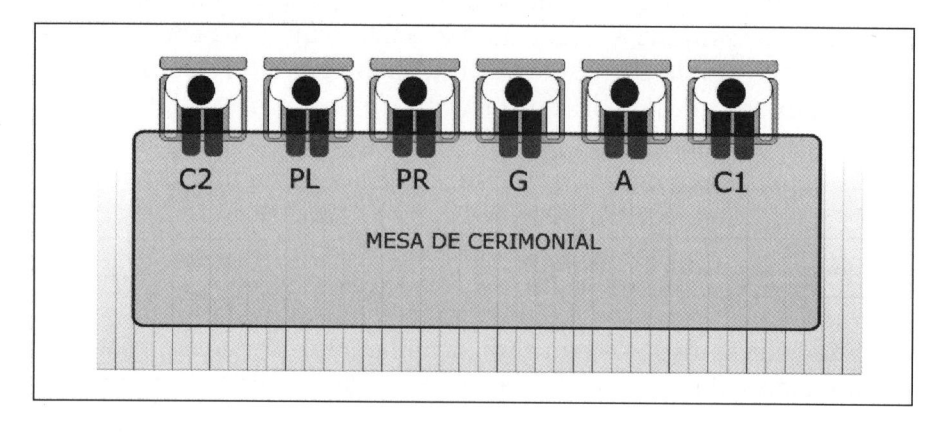

Quem presidirá a mesa em uma solenidade será sempre a pessoa mais importante dentro da organização do evento. Em seguida, vêm as de maior posição política e social (veja o desenho).

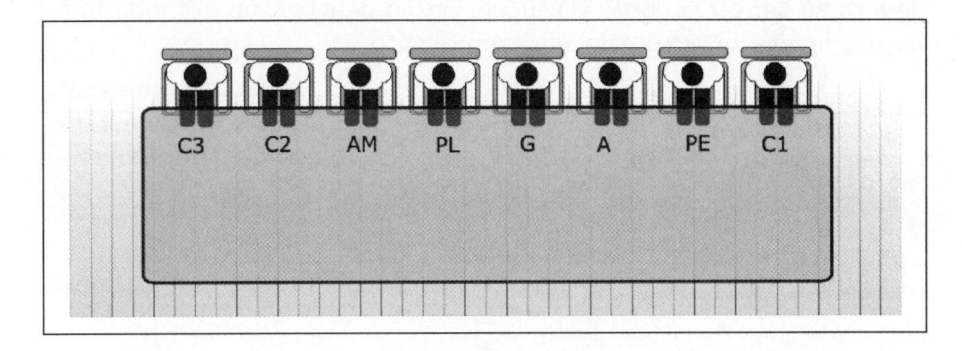

```
| C3 | C2 | AM | PL | G | A | PE | C1 |
```

Ao montar uma mesa, onde ficarão as autoridades, segue-se uma regra baseada em critérios de idade, posição social ou política, levando-se em conta as normas da empresa.

Quando as autoridades comparecerem a uma convenção, acompanhadas de seus respectivos cônjuges, estes não ocuparão a mesa de honra, ficando sentados na primeira fila do auditório, em lugar de destaque (veja o desenho).

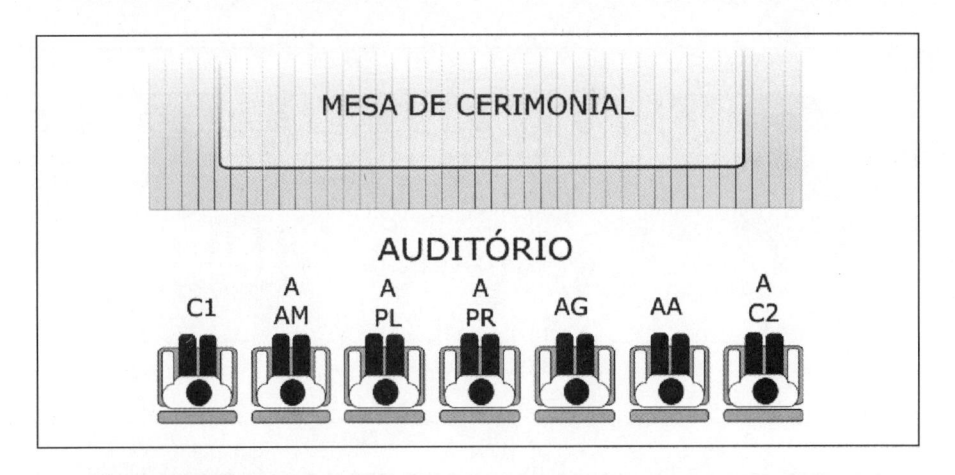

```
              MESA DE CERIMONIAL

                  AUDITÓRIO
           A      A      A                    A
    C1    AM     PL     PR    AG    AA       C2
```

Também se deve levar em conta que, ao montar uma mesa, é preciso intercalar as autoridades, como já dito.

Montando mesas para almoços e jantares

Na mesa de almoços ou jantares oficiais, devemos saber que existe também lugares certos a serem ocupados. Por exemplo: o anfitrião deverá se sentar à ponta da mesa, ou ao centro; seu convidado de honra deverá se sentar ao seu lado direito.

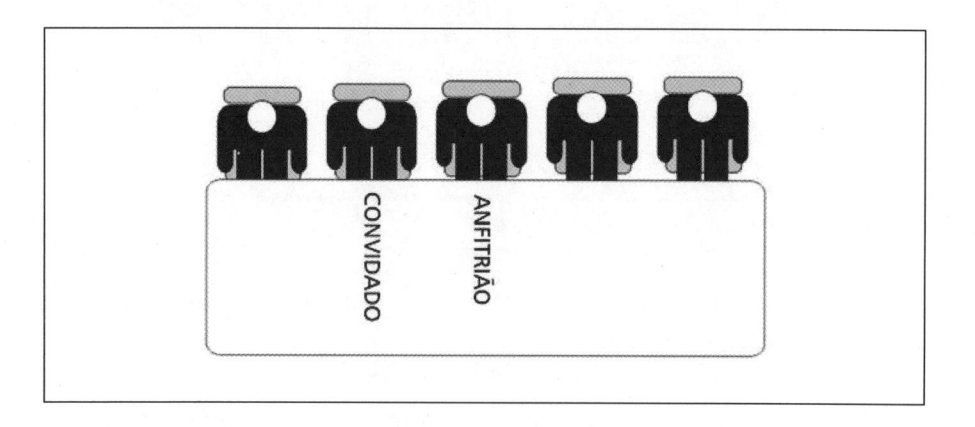

Tipos de mesa:

Mesa de Honra

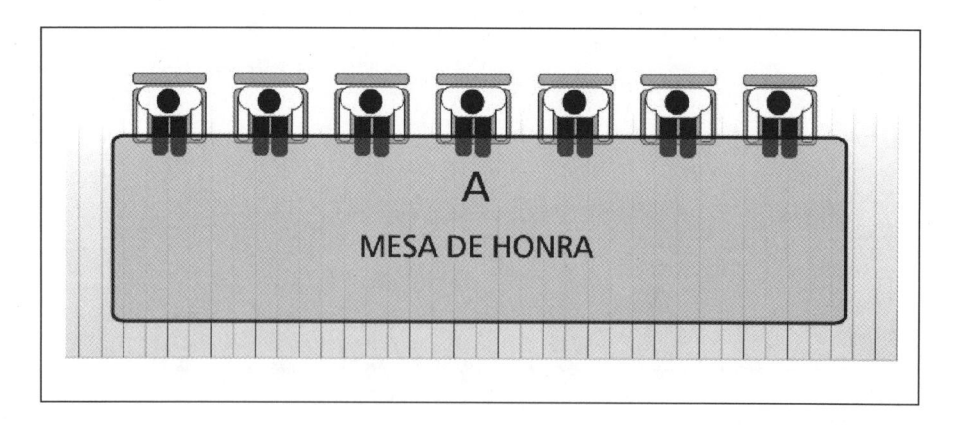

A mesa ocupada apenas de um lado chama-se mesa de honra. O anfitrião deverá sentar ao centro.

Mesa Francesa

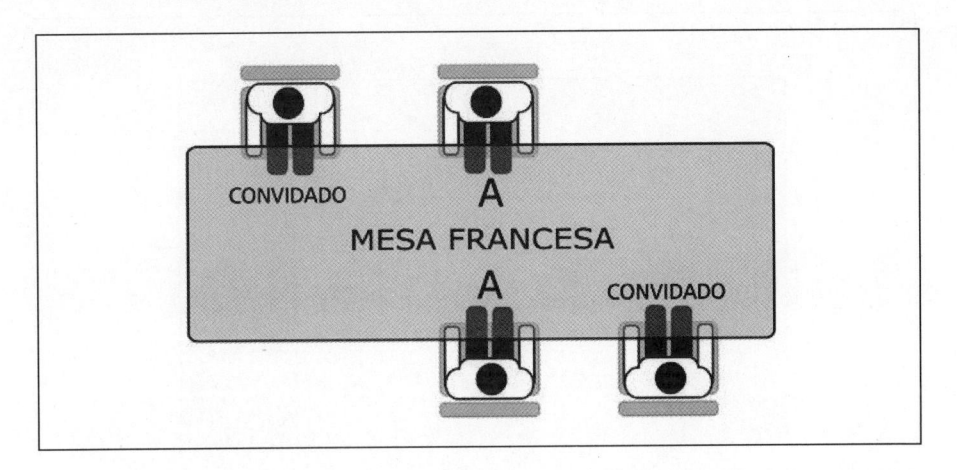

A mesa francesa será ocupada dos dois lados, com os anfitriões sentados ao meio, frente a frente, e o convidado de honra, se houver, permanecendo do lado direito.

Mesa Inglesa

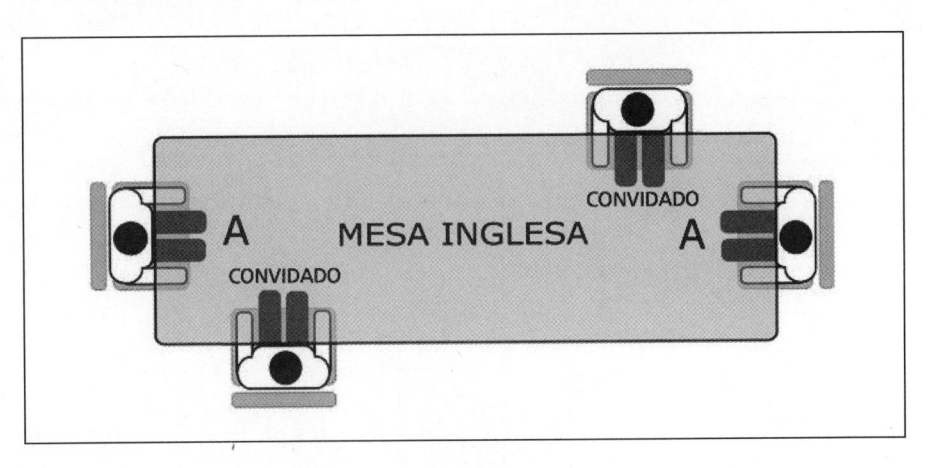

A mesa inglesa deve ser mais longa do que o normal. Os convidados que estarão à frente um do outro não conversarão entre si.

Os anfitriões ocuparão as cabeceiras.

Mesa em "U"

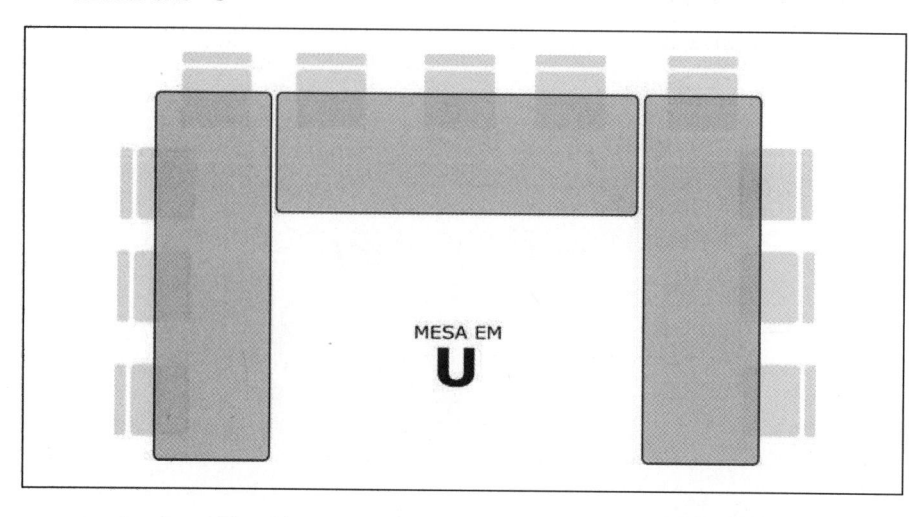

Quando uma mesa for montada em "U", as pessoas que a compuserem deverão usar somente os lados externos.

Mesa em "T"

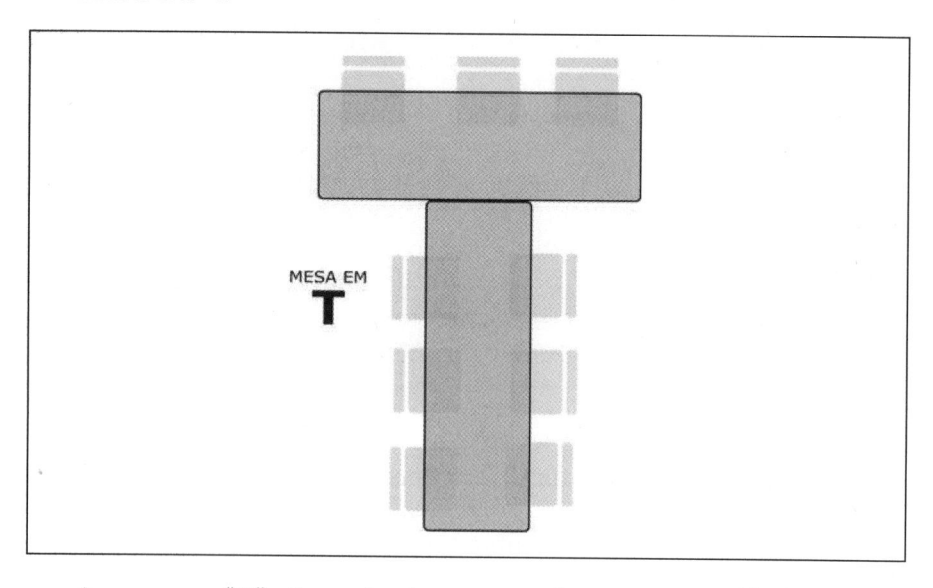

A mesa em "T" não poderá ser ocupada nas extremidades (cabeceiras).

Mesa para Banquetes

A mesa para banquetes possui ramificações que fazem com que seu desenho se pareça com o da letra "M".

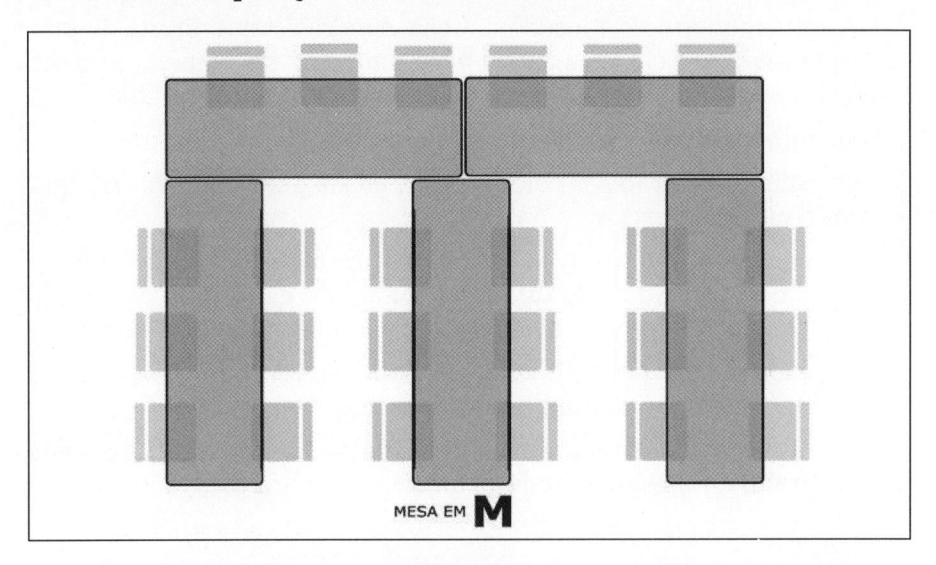

MESA EM M

Observação: É importante saber que, no caso de eventos oficiais, os lugares que deverão ser ocupados à mesa estarão devidamente marcados com uma plaquinha, identificando nome e cargo político ou social da pessoa.

Montando a Mesa de Refeições

TALHERES, PRATOS E CÁLICES

Para montar uma mesa acertadamente, você precisa definir primeiro o cardápio. Depois dessa definição, comece pela correta escolha dos utensílios, como talheres e pratos.

Saiba que ao usar uma toalha estampada deve-se optar por usar a louça sem desenhos, e vice-versa.

Os copos podem até ser coloridos, mas estes devem ser utilizados para servir água e refrigerantes. Não os use para vinhos.

Há situações em que deverá ser posta à mesa uma tijelinha, utensílio que deverá vir com águas de rosas, "lavanda", que servirá para limpar as pontas dos dedos. Esta tijela deverá ser de cristal ou metal e ficar ao lado direito dos cálices.

Os talheres deverão ser usados de dentro para fora.

A colher, quando colocada na mesa, deverá estar à direita do prato. Algumas vezes ela será usada para uma entrada com sopas e outras para apoio, na hora de comer a tradicional macarronada.

Os talheres menores, acima do prato, são os de sobremesa.

Os cálices deverão ser colocados na mesa, em forma de triângulo, um pouco inclinados.

O guardanapo, tanto o de papel quanto o de tecido, deverá ser colocado no lado esquerdo do prato, ou acima dele. O de tecido deverá ser colocado no colo, assim que a pessoa se sentar à mesa.

O prato menor ficará acima, do lado esquerdo, e, no prato de apoio será servido o pão ou, ainda, a salada.

O prato central chama-se *sousplat* e deverá ser em metal; ele não será retirado da mesa na troca de pratos, ocupará o espaço vazio.

LINDA BORGES

GARÇONS – COMO SERVIR

Quando tivermos à mesa mais de dez convidados precisamos do apoio do garçom, sendo melhor termos dois servindo ao mesmo tempo. Primeiro, servem-se às senhoras; em seguida, aos homens. No caso de existirem convidados de honra, estes devem ser servidos primeiro, depois as senhoras e, por fim, os senhores.

Os pratos e as bebidas deverão ser colocados e retirados pela direita; no modo francês de se servir, os pratos são colocados pelo lado esquerdo.

Uma dica: Hoje, é importante termos bebidas *diets* e adoçantes. As pessoas têm-se preocupado mais com a saúde.

Para a empresa que costuma ter vida social intensa, onde o diretor sempre está convidando pessoas para um almoço, é conveniente ter um cardápio sobre a mesa, sempre com duas opções. Assim, o seu convidado poderá escolher a que mais lhe agradar.

O formato do cardápio deve medir cerca de 10 a 15cm e deve ser colocado do lado esquerdo do convidado, um pouco acima do prato.

Ocasiões Menos Formais

MESA DE BUFÊ

Existem ocasiões que pedem um pouco mais de descontração, mas não menos organização.

O bufê americano pode ser uma boa opção para uma ocasião menos formal.

Em uma mesa menor, coloque as bebidas: água com e sem gás; refrigerantes e bebidas alcoólicas (dois a três tipos diferentes).

Bebidas como o vinho devem ser servidas acompanhando os seguintes pratos:
- carnes vermelhas:
  – vinhos tinto ou rosé;
- carnes brancas:
  – vinho branco.

A mesa de bebidas deve ter:

- balde de gelo;
- vinho, no suporte;
- água na jarra de cristal ou vidro mais fino;
- copos e cálices que devem ser escolhidos de acordo com as bebidas a serem servidas.

Observação: Ao montar um jantar americano, como os convidados estarão sem o apoio da mesa, prefira pratos como massas em geral, carnes já picadas, como o *strogonoff* ou *gulach*, entre outras.

A mesa de sobremesas deve ter pelo menos três tipos de doces, incluindo doces *diets*. Sobre a toalha de linho bordada são colocados os talheres de sobremesa.

No centro da mesa, coloque uma bela e farta fruteira, ou, se preferir, coloque duas fruteiras ao lado do arranjo de flores.

Bules térmicos serão sempre bem-vindos, principalmente se forem de café, com e sem açúcar. Não esquecer do adoçante.

É importante ressaltar que a mesa deverá ser posta igualmente dos dois lados.

A Hora do Brinde

Brindemos à vida,
Brindemos às conquistas,
Brindemos à felicidade.
Seja qual for o seu brinde, brinde...
mesmo que seja com um copo de água.
Erga a mão para cima e deseje de todo o seu coração
a mais pura conquista de um brinde e
brinde ao valor da sua Vida.

Mesmo que você não beba nada, brinde. Brinde ainda que com um copo de água, ou erga apenas o cálice fazendo apenas a reverência do brinde. Brinde, pelo menos com a alma.

LINDA BORGES

Montando um Coquetel – Coquetel/Recepção

Em um coquetel, poderão ser servidos de três a seis tipos de salgados (quentes e frios).

Para beber, duas a três bebidas alcoólicas, água com e sem gás e refrigerantes. Pelo menos um deve ser *diet*.

Os coquetéis devem ser preparados na hora, principalmente para se garantir a qualidade da bebida.

Bebidas enfeitadas sempre chamam a atenção, mas escolha a bebida certa. Ela deve estar adequada ao ambiente e à época do ano. Use o bom senso.

Disponha os guardanapos de papel juntamente com os salgados, ao servi-los, e em outros casos com as bebidas. Eles servirão para segurar os alimentos e os copos com bebidas que suam (bebidas muito geladas, ou com gelos). Em alguns casos, poderão vir com o logotipo da empresa (anfitriã).

Os guardanapos de tecido também podem ser usados, sendo até mesmo recomendados em algumas ocasiões.

Escolhendo o Local Ideal

Pode até parecer fácil montar um evento, mas, depois que se começa a organizá-lo, percebemos, na prática, que os problemas se iniciam pela escolha do local ideal (comentado, anteriormente, em Organização de Eventos).

Para a escolha correta do local, cheque as seguintes regras:

- boa localização, fácil acesso a todos os convidados;
- boa estrutura do local, comporta bem carros com estacionamento seguro, iluminação interna adequada;
- boa ventilação;
- bom atendimento de toaletes;
- espaço físico confortável para a quantidade de convidados;
- acomodações confortáveis e adequadas etc.

Escolhendo o Horário

A escolha do horário para a realização de um evento é também um ponto importante.

Deve-se levar em conta, inclusive, a estação do ano, e que tipo de comemoração se quer fazer.

Por exemplo, um coquetel à beira da piscina pode até ser chique, mas pede que seja feito no verão.

A seguir, listamos cardápios mais apropriados a cada horário para a realização do evento:

- comemorações na parte da manhã são feitas com *brunch*, uma mistura de café da manhã com almoço;
- churrascos são apropriados a partir das 11 horas;
- coquetéis, somente após as 16 horas;
- *fondue*, após as 19 horas, mas só no inverno.

O bom senso na escolha dos locais para um evento vai mostrar que você, além de ser um bom anfitrião, se preocupa com o bem-estar de seus convidados.

Conhecendo os copos e os cálices

O objetivo aqui é dar dicas de como usar corretamente os copos e os cálices. Sabendo segurá-los, mantém-se melhor a temperatura da bebida. Procure segurar o copo ou o cálice bem perto do pé, exceto o de conhaque.

Veja como segurar corretamente os cálices:

Linda Borges

O mexedor que vem acompanhando determinados *drinks* deve ser descansado após o uso. Ao segurar o copo de *drink*, pegue sempre um guardanapo junto, que serve para proteger sua mão do copo gelado e evitar que molhe as pontas dos dedos.

Os copos e os cálices não deverão ser servidos com bebidas até a borda, usa-se servir a bebida até a metade do copo.

Observação: Quanto mais alto for o pé do cálice, mais formal será o jantar ou a recepção

Licores aperitivos: Esta é uma série de copos e cálices de pequena capacidade, para degustação de licores.

Coquetéis, *drinks* e vermutes ou bebidas fortes: *Wisky-cowboy*, vodka, rum ou a tradicional cachacinha.

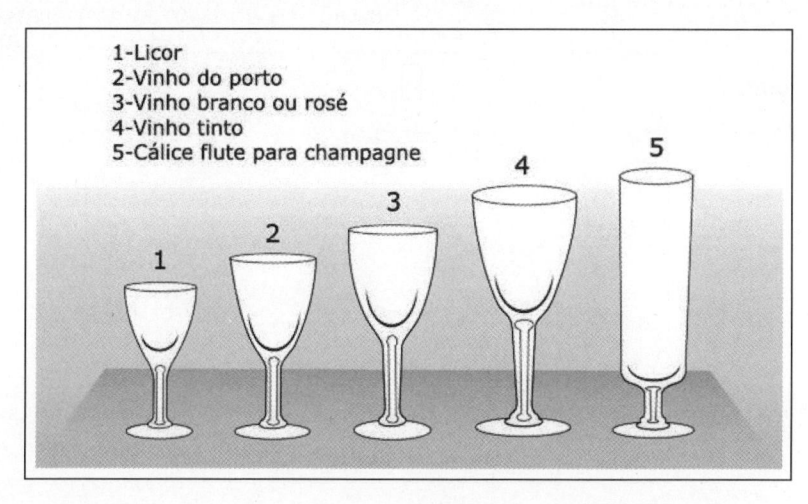

1-Licor
2-Vinho do porto
3-Vinho branco ou rosé
4-Vinho tinto
5-Cálice flute para champagne

As tulipas conservam melhor a temperatura e a espuma da cerveja ou do chope. Elas são altas e finas. A de cristal é perfeita. O cálice para conhaque também tem o seu charme. A base é maior para manter a bebida aquecida e é na base que se segura.

Jarra e copos para refrescos

Hoje, podemos encontrar vários tipos de jarras e copos para refresco, mas a tradicional jarra de cristal acompanhada de belos copos, por causa de seus detalhes e transparências, ressalta o frescor e a coloração da bebida ali servida.

A poncheira contém cinco litros de bebidas, suficientes para uma grande rodada de amigos.

Balde de gelo

Pode-se optar também por baldes de gelo. Existem de várias formas e materiais, inclusive de cristal, que é perfeito para ocasiões mais formais. Há os modelos com tampa ou sem tampa.

Abaixo, alguns acessórios bastante úteis:

- galheteiro (vinagre, azeite, sal e pimenta);
- suporte em inox ou prata para travessas de vidro, sempre com tampa;
- bule de café, ou cafeteira com aquecedor.

Conhecendo os talheres – Manuseio

Os talheres deverão ser manuseados como se faz ao usar uma caneta, ou seja, segure sempre na ponta.

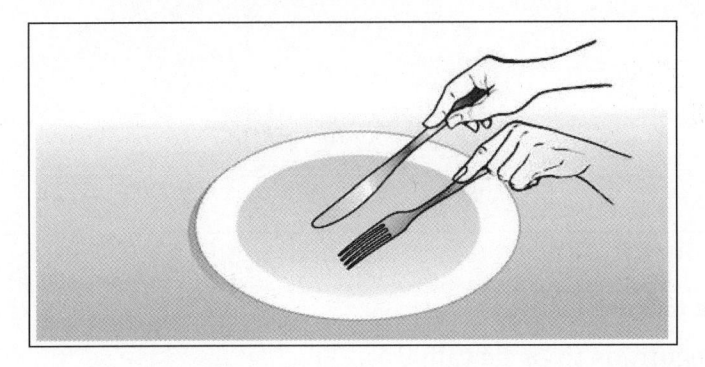

Quando descansar a faca, coloque-a atravessada no alto do prato, com o lado cortante para dentro.

Não se usa a faca para empurrar a comida para cima do garfo. Ela foi feita para cortar os alimentos. A faca deverá ser usada na mão direita, quando se manuseia garfo e faca juntos. Descanse a faca e passe o garfo para a mão direita.

A colher serve para tomar a sopa ou *soupé* e ainda como apoio na hora de comer macarrão; este é um costume italiano. Não se deve cortar o macarrão com a faca, só enrole uma pequena quantidade da massa no garfo e, então, leve à boca.

Usando o *hashi*:

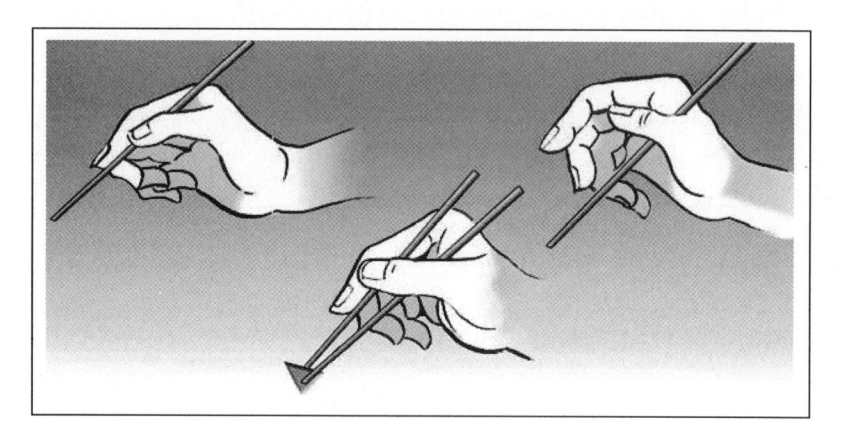

Tipos de talheres

A seguir, os tipos de talheres.

- Colheres:

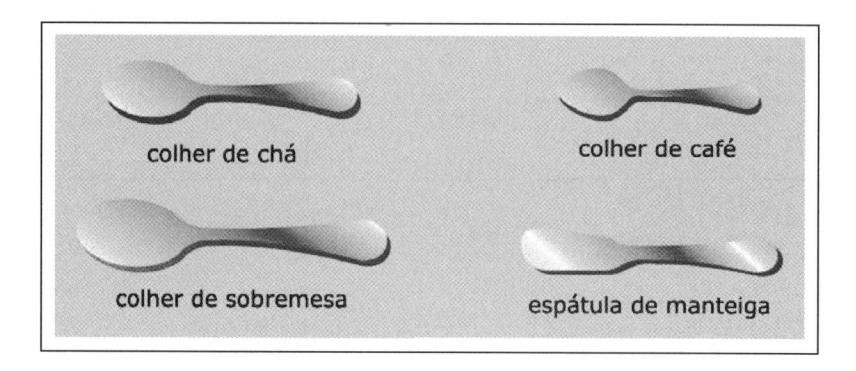

colher de chá

colher de café

colher de sobremesa

espátula de manteiga

- Garfos:

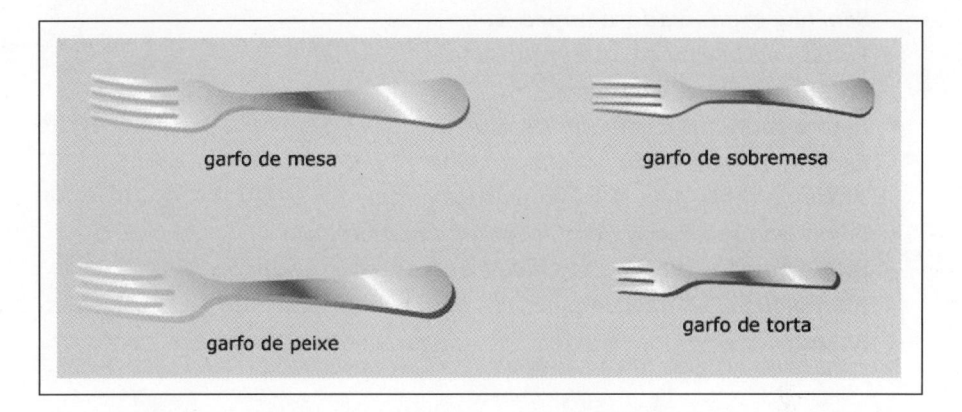

  - garfo de mesa
  - garfo de sobremesa
  - garfo de peixe
  - garfo de torta

- Facas:

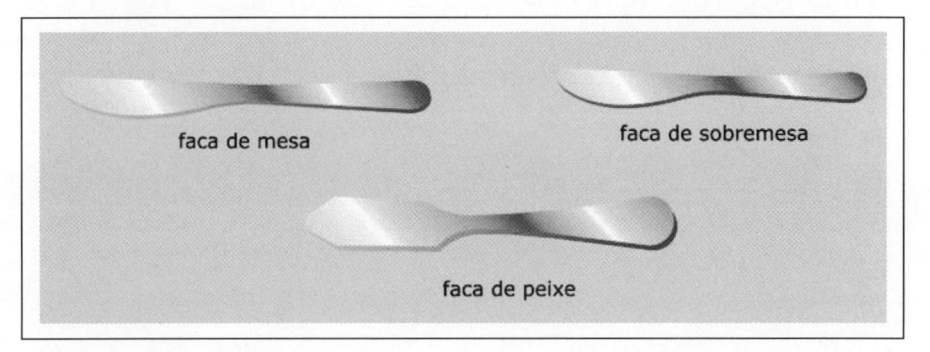

  - faca de mesa
  - faca de sobremesa
  - faca de peixe

Arranjos de Flores

Os arranjos de flores podem ser colocados na mesa, mas sem exagero. Servem para decorá-la e não ocupá-la por inteiro. Sua altura é estipulada entre 10 e 15cm, para que os convidados possam se ver.

Para uma mesa de oito pessoas, o arranjo deverá medir por volta de 25cm de comprimento por 10 a 12cm de altura. Já para uma mesa de 12 a 14 pessoas, dois arranjos menores são suficientes.

Para mesas de banquetes ou congêneres, os arranjos deverão compor apenas o local onde estarão sentadas as autoridades.

"Bendita és tu, Secretária"

Sem ela, organizadora impecável,
Estuda cada espaço, tudo num estalo
Calma, paciente e às vezes...
Revira tudo, num embalo. De repente...
Espera, espera, nada para fazer. Opa!
Trilim, trilim... toca o telefone; toca o fax.
A correria recomeça. Alô! Pois não, um momento...
Ritas, Amélias, Beths, Cristinas e outras mais; usam da
Inteligência, da sua competência para serem... que não diria perfeitas
As suas...

LINDA BORGES

Capítulo 4
Escritório

Tarefas – Organização – Agenda

Um ambiente limpo, tranqüilo e organizado. É tudo o que queremos, mas nem sempre conseguimos, seja por um motivo ou outro.

Uma boa maneira de organizar um ambiente de trabalho é usar a prática do 5S, que quer dizer:

- *Seiri* – senso de utilização (separar o útil do inútil).
- *Seiton* – senso de arrumação.
- *Seiso* – senso de limpeza.
- *Seiketsu* – senso de saúde e higiene.
- *Shitsuke* – senso de autodisciplina.

Ao adotar esses conceitos podemos ver os resultados quanto:

1. *À melhoria:*
   - orgulho do que se faz;
   - melhora visual, produtiva e nas relações interpessoais;
   - otimização do tempo e da produtividade e diminuição dos custos (evitam-se desperdícios);
   - melhora da qualidade ambiental.

2. *À valorização pessoal:*
   - melhora da autoestima;
   - aumento e incentivo da criatividade;
   - redução do nível de problemas causadores de estresse;
   - aumento das relações e do trabalho em equipe.

A Organização e a Execução das Tarefas Dentro de Um Escritório

Quando falamos em organizar, estamos nos referindo à prioridade, à mecanização de tarefas. Falamos também em *Just In Time*, ou seja, aversão a desperdícios. Falamos, em síntese, nos 5S.

A seguir, algumas dicas para começar a melhorar a sua qualidade de vida:

- antes de ir ao trabalho, relaxe; faça até um exercício mental; problemas particulares interferem no seu desempenho profissional;
- antes de despachar com o seu chefe, tente ler as principais notícias do dia e separe as que forem mais importantes para ele;
- todo dia você precisará de uma hora para despachar com o seu chefe, ou seja, dar aquela papelada para ele assinar; então, dê preferência à primeira hora do dia;
- arrume a sua agenda, marque com um sinal em vermelho as prioridades do dia. Não deixe para fazer amanhã aquilo que considera mesmo importante, o trabalho pode acumular; tarefas executadas com antecedência serão mais bem-sucedidas;
- os telefonemas devem ter objetividade, clareza e seriedade. Não se brinca ao telefone, principalmente com quem não se conhece; manter a postura com certeza tem o seu valor.

Em relação a esse último ponto, preste atenção:

- nunca deixe uma pessoa do outro lado da linha esperando, é indelicado;
- quem chama cumprimenta: "Bom-dia", "Boa-tarde" ou "Boa-noite" e se identifica;
- quem atende deve ser gentil e prestativo;
- uma secretária jamais dirá: "Vou ver se ele está..." ou "Aguarde um minuto que vou ver se ele pode atender...", frases como estas demonstram falta de apreço para com quem está ligando.

Datas

Preste atenção às datas. Você tem que ter todas as datas importantes na agenda. Desde as comemorativas da empresa até as particulares de seu chefe.

Não esqueça jamais de mandar cartões. Esta atitude demonstra cuidado especial para com a pessoa que recebe.

Tenha sempre uma agenda:

- mensal;
- para telefones mais usados;
- para cartões;
- em especial para comemorações, aniversários etc.

Observação: Lembre-se de consultar todas diariamente.

ORGANIZANDO

Arquivo

O arquivo deve ser atualizado. O que não for de uso no momento deverá ser colocado no arquivo-morto.

O arquivo também tem sua regra. Toda vez que você receber um documento e tiver que mandar resposta, ou vice-versa, coloque uma tarjeta R (recebido) e E (expedido).

Há várias maneiras de se organizar um arquivo, como, por exemplo, por letras ou por números. O importante é, ao consultar o arquivo, conseguir identificar rapidamente um documento. Assim, na sua ausência, as pessoas poderão ter a mesma agilidade que você para encontrar um documento. Essa atitude demonstra o espírito de equipe.

No caso de contas a pagar, prefira as pastas sanfonadas que têm trinta repartições. Poderão ser divididas por dias do mês. Essas pastas são práticas e, quando fechadas, cabem dentro de uma gaveta comum.

Esse procedimento é muito melhor do que ficar guardando dinheiro ou cheque dentro da sua agenda.

Malote

O malote deve ser mandado no começo e no final do dia, de acordo com a necessidade do trabalho.

Protocolo

O protocolo existe e deve ser seguido. Mas existem pessoas que ousam quebrá-lo, para as quais vai bem esta observação: "Quebrar protocolos ou ignorá-los só demonstra que você não está apto a viver em uma sociedade. Ser elegante e agradável é saber respeitar a sua individualidade e, principalmente, a dos outros".

Disposição Correta dos Móveis de Escritório

Para uma disposição correta dos móveis no seu escritório, veja o desenho abaixo.

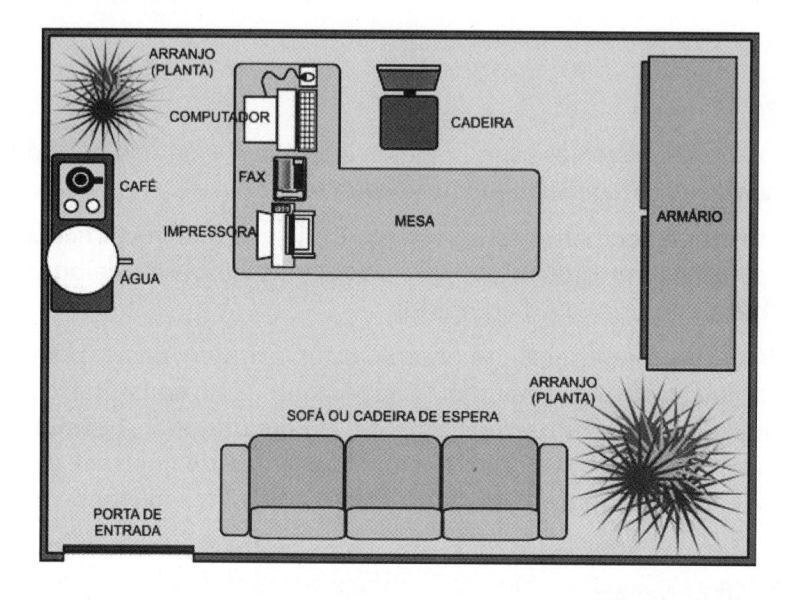

Uso Correto dos Aparelhos: Telefone, Fax, Secretária Eletrônica, Celular, Computador "Internet"

É curioso como há pessoas que ainda não aprenderam que certos aparelhos foram feitos para facilitar as nossas vidas, mas que não são brinquedos.

Telefone de trabalho é para ser usado em assuntos de trabalho e não para questões pessoais ou bate-papos. Enquanto a linha está ocupada por questões não pertinentes à sua função, alguém pode estar querendo entrar em contato.

Utilize a mesma linha de raciocínio para o aparelho de fax: somente o utilize para enviar documentos relacionados ao seu trabalho.

A secretária eletrônica é outro aparelhinho perigoso. Jamais deixe recados nela quando o assunto for confidencial.

O uso do celular também deve ser muito bem dosado. Nunca o use em uma reunião ou quando estiver na sala do chefe.

Quanto à Internet, um dos veículos de comunicação mais rápidos no mundo atual, também deve ser dada atenção especial ao seu uso no ambiente de trabalho. Ao acessar sites, tome cuidado, seja discreta e cautelosa ao fornecer seus dados.

Tenha sempre duas contas de e-mail, uma pessoal e outra para o trabalho, mas só acesse esta conta particular no trabalho em casos de extrema necessidade.

Abaixo, algumas regras ao usar a Internet:

- Não envie mensagens o tempo todo, porque isso, além de mostrar que você usa o horário de trabalho para "navegar" na rede, incomoda quem recebe e que pode não ter tanto tempo assim como você.
- Não envie mensagens que mostrem desgraça o tempo todo. Isso é extremamente desagradável.
- Respeite a privacidade dos outros. Se você vai passar informações que não são suas, peça permissão primeiro. Deixe bem claro a origem da sua informação.
- Leve em consideração que a comunicação através da Internet não passa a mesma emoção de como se você estivesse falando diretamente com a pessoa ou mesmo pelo telefone. Então, escreva seus e-mails sempre em letra minúscula. Quando você escreve em letra maiúscula a impressão que dá é que você está gritando.
- Mensagens longas também devem ser evitadas; seja clara, objetiva e evite os vícios da Internet, como letras cortadas ou uso de figuras. Tudo deve ser o mais simples possível. Acredite! Muitas pessoas podem identificar você pelo modo como você escreve.

Os Dez Mandamentos da Ética na Internet

- Não use o computador para prejudicar as pessoas.
- Não interfira no trabalho de outras pessoas.
- Não se intrometa nos arquivos alheios.
- Não use o computador para roubar.
- Não use o computador para obter falsos testemunhos.
- Não use nem copie softwares pelos quais você não pagou.
- Não use os recursos de computadores alheios sem pedir permissão.
- Não se aproprie de ideias que não são suas.
- Pense nas conseqüências sociais causadas pelo que você escreve.
- Use o computador de modo que demonstre consideração e respeito.

No mais, saiba tirar proveito dos benefícios que a sua empresa lhe oferece, mas também não dê motivos para que eles sejam cortados por mau uso, por uso excessivo e/ou desnecessário.

Lista de Materiais para Uso em Escritório

- Agendas: uma para aniversários e comemorações importantes, outra para as tarefas diárias e uma só para telefones.
- Birô de entrada e saída de documentos.
- Caderno de anotações de arquivo.
- Caderno para protocolos.
- Caixa para arquivo-morto.
- Corretivo líquido.
- Descansa-pulso, para uso de teclado.
- Envelopes n°s 10, A2, Dl, C6.
- Jogo completo de apontador de lápis manual e elétrico, grampeador, furador de papel, tesoura, réguas de vários tamanhos, abridor de correspondências.

LINDA BORGES

- Papel autoadesivo para bilhetes.
- Pasta sanfonada com os dias da semana, para guardar documentos a serem enviados e contas a pagar.
- Pastas diversas com e sem grampo, corrugadas, finas e grossas.
- Pastas para arquivo.
- Porta-canetas, lápis, clipes etc.
- Porta-cartões de visitas.
- Prancheta.
- Risque-rabisque.
- Todos os tipos de papel: papel sulfite A4, A5, B5, ofício, executivo, papel almaço, papel brilhante, transparência e transparência com pausa, papel para foto etc.
- Vários tipos de canetas esferográficas, lápis pretos, borrachas etc.

MATERIAL DE APOIO PARA ESCRITÓRIO

- Açucareiro, colherzinhas de café, mexedor de *drinks*.
- Copos de vidro: água, *drinks* e sucos.
- Copos plásticos: pequeno e médio;
- Frigobar.
- Garrafas térmicas: uma para chá, outra para café.
- Garrafas de água com e sem gás.
- Lenço de papel.
- Porta-copos.
- Xícara falsa para apoio de copos plásticos para cafezinhos.
- Xícaras de porcelana.

Observação: Flanela e papel absorvente para possíveis emergências e capas para os computadores e demais máquinas.

Limpeza diária do escritório – olha o 5S de novo!

A limpeza diária de um escritório deve ser feita de preferência antes de o chefe chegar. Se não for possível, comece pelo escritório principal, depois o do chefe e o da secretária. Em seguida, passe para outras dependências.

Quanto aos produtos de limpeza, se optar pelos que têm cheiro, use os de perfumes suaves, ou, se preferir, por essências encontradas em casas especializadas em artigos indianos, que têm aromas maravilhosos e que produzem, inclusive, efeito tranquilizante.

Capítulo 5
Comunicação Escrita

Aprendendo a Escrever

Escrever é uma coisa. Outra coisa é saber escrever. Saber escrever, às vezes, pode até ser um problema, mas, para aqueles que dominam a técnica, é uma forma prazerosa de expor o pensamento, muitas vezes com textos belíssimos e muito bem escritos.

Como tudo na vida, para que alcancemos a perfeição devemos praticar. É na prática que aprendemos a escrever. Redigir um texto requer conhecimento, raciocínio e criatividade, seguidos de harmonia e simplicidade, equilíbrio e regularidade.

Gêneros literários

Em nossa gramática, encontraremos gêneros literários distintos de se exercitar a escrita. Dentre eles:

- lírico;
- épico (narrativo);
- dramático (teatral);
- satírico (humorístico);
- oratório;
- epistolar;
- didático.

COMEÇANDO A ESCREVER

O objetivo desta obra não é explicar cada um dos gêneros anteriormente citados, ficando essa tarefa a cargo dos muitos livros de redação e gramática existentes no mercado literário brasileiro. Busca-se, somente, fazer um resumo do que é preciso saber para se redigir boas cartas pessoais e comerciais.

Comecemos pelo gênero "epistolar", já que é ele que nos ensina a escrever uma carta. A carta deve ser simples, espontânea como se estivéssemos realmente conversando com alguém.

Os assuntos podem ser variados e, dentro dessa variação, têm-se:

- cartas amorosas, nas quais a conversa deve ser franca e onde haja o predomínio do sentimento de amor;
- cartas familiares, nas quais os assuntos são tratados como se estivéssemos conversando, tendo como base um estilo espontâneo e singelo;
- cartas doutrinárias, que abordam temas e assuntos sobre problemas literários, doutrinários, religiosos, sociais etc.

Observação: A carta pessoal jamais deve ser batida a máquina, ou digitada no computador. Ainda se usa escrever cartas para amigos de próprio punho. A formalidade de cartas escritas a máquina ou no computador fica restrita às cartas comerciais.

Outra dica importante é quanto às palavras estrangeiras, que deverão ser escritas com algum destaque, como grifo ou entre aspas.

Definindo a carta

Toda carta contém cinco partes: o cabeçalho; as saudações; o corpo da carta, onde expressamos o motivo pelo qual estamos escrevendo; a despedida e a assinatura. Essa ordem vale tanto para a carta social quanto para a comercial.

Tendo em mente essas classificações sobre tipos de cartas podemos, então, saber que uma carta comercial deve ser simples e objetiva. Sua linguagem deve expressar rigorosamente o assunto a ser tratado e nunca deve ser redigida com pessoalidade. Afinal, a carta comercial é a maneira que as empresas encontram de trocar idéias e informações.

Pela simplicidade e pela objetividade de uma carta comercial deve-se usar corretamente as alternativas, seguindo as normas tradicionais.

A seguir, disponibilizamos uma pequena lista delas.

Há várias maneiras de se iniciar uma carta comercial. O uso de expressões de tratamento são como regras. E no emprego, esse tratamento dado no início deve ser mantido no desenrolar da carta até o seu término. Vale dizer que se deve usar o verbo sempre na terceira pessoa.

Atualmente, o modo de tratamento é simplificado, sendo usado apenas para autoridades, como mostrado a seguir:

Hierarquia Militar

Marinha – Postos:

- Círculo de Oficiais-Generais
  - Almirante.
  - Almirante-de-esquadra.
  - Vice-almirante.
  - Contra-almirante.

- Círculo de Oficiais-Superiores
  - Capitão-de-mar-e-guerra.
  - Capitão-de-fragata.
  - Capitão-de-corveta.

- Círculo de Oficiais-Intermediários
  - Capitão-tenente.

- Círculo de Oficiais Subalternos
  - Primeiro-tenente.
  - Segundo-tenente.
  - Guarda-marinha.

- Círculo de Suboficiais, Subtenentes, Sargentos
  - Suboficial.
  - Primeiro-sargento.
  - Segundo-sargento.
  - Terceiro-sargento.

- Círculo de Cabos e Soldados
  - Cabo.

– Marinheiro especializado.
– Marinheiro-soldado FN.
– Marinheiro-recruta e recruta.

Exército – Postos:
- Círculo de Oficiais-Generais
  – Marechal.
  – General-de-exército.
  – General-de-divisão.
  – General-de-brigada.
- Círculo de Oficiais-Superiores
  – Coronel.
  – Tenente-coronel.
  – Major.
- Círculo de Oficiais-Intermediários
  – Capitão.
- Círculo Oficiais Subalternos
  – Primeiro-tenente.
  – Segundo-tenente.
  – Aspirante.
- Círculo de Suboficiais, Subtenentes e Sargentos
  – Subtenentes.
  – Primeiro-sargento.
  – Segundo-sargento.
  – Terceiro-sargento.
- Círculo de Cabos e Soldados
  – Cabo e Taifeiro-mor.
  – Soldado e Taifeiro.
- Primeira Classe Soldado
  – Recruta.
  – Taifeiro de primeira classe.

Aeronáutica – Postos:

- Círculo de Oficiais-Generais
  - Marechal-do-ar.
  - Tenente-brigadeiro-do-ar.
  - Major-brigadeiro-do-ar.
  - Brigadeiro-do-ar.

- Círculo de Oficiais-Superiores
  - Coronel.
  - Tenente-coronel.
  - Major.

- Círculo de Oficiais Intermediários
  - Capitão.

- Círculo de Oficiais Subalternos
  - Primeiro-tenente.
  - Segundo-tenente.
  - Aspirante

- Círculo de Suboficiais, Subtenentes e Sargentos
  - Suboficial.
  - Primeiro-sargento.
  - Segundo-sargento.
  - Terceiro-sargento.

- Círculo de Cabos e Soldados
  - Cabo e Taifeiro-mor.
  - Soldado de primeira classe.
  - Soldado de segunda classe.
  - Taifeiro de primeira classe.
  - Taifeiro de segunda classe

Observação: Frequentam o Círculo de Oficiais Subalternos:

- *Marinha:* Guarda-marinha.
- *Exército:* Aspirante a oficial.
- *Aeronáutica:* Aspirante a oficial.

Excepcionalmente ou em reuniões sociais têm acesso aos círculos dos oficiais:

- *Marinha:* Guarda-marinha (aluno da Escola Naval), Aluno do Colégio Naval, Alunos de Órgãos de Formação de Oficiais.
- *Exército:* Cadetes (alunos da Academia Militar), Alunos da Escola Preparatória de Cadetes do Exército, Alunos de Órgãos de Formação de Oficiais da Reserva.
- *Aeronáutica:* Cadete (Aluno da Academia da Força Aérea), Aluno da Escola de Oficiais Especialistas da Aeronáutica, Aluno da Escola Preparatória de Cadetes do Ar e Alunos de Órgãos de Formação de Oficiais da Reserva.

Excepcionalmente ou em reuniões sociais têm acesso ao círculo de suboficiais, subtenentes e sargentos:

- *Marinha*: Aluno de Escola ou Centro de Formação de Sargentos.
- *Exército*: Aluno de Escola ou Centro de Formação de Sargentos.
- *Aeronáutica*: Aluno de Escola ou Centro de Formação de Sargentos.

Frequentam o Círculo de Cabos e Soldados:

- Marinha
  - Aprendiz-marinheiro.
  - Aluno de Órgãos de Formação de Praças da Reserva.
- Exército – Aluno de Órgãos de Formação de Praças.
- Polícia Militar – A Polícia Militar no Brasil segue a mesma hierarquia do Exército, mas tendo como topo o posto de coronel.

Hierarquia Católica

- Sua Santidade o Papa Bento XVI, chefe da Igreja Católica, representante de Deus na terra.
- Arcebispo (do latim *archiepiscopus*), primeiro bispo de uma província eclesiástica que compreende várias dioceses.

- Bispo (do latim *episcopus*), responsável pelo segmento espiritual de uma diocese.
- Padre ou Presbítero (do grego *Presbytero*, "mais velho", ou do latim *presbyteru*), sua função é evangelizar, mantendo contato constante e direto com os paroquianos de sua diocese.
- Religiosos são freiras, freis e irmãs de caridade.
- Diáconos, (do latim *diácono*, inferior ao presbítero e ao padre).
- Leigos: todas as pessoas que participam da comunidade religiosa.

Hierarquia da Nobreza

• Rei	Sua Majestade (na Inglaterra *Sir*).
• Príncipe	Sua Alteza.
• Duque	Duque (filhos de Duques recebem o título de *Lorde* e *Lady*).
• Conde	Conde...
• Visconde	Visconde de...
• Marquês	Marquês de...
• Barão	Barão de...

Escrevendo

Ao Presidente da República

Exmo. Senhor Presidente da República Federativa do Brasil.

Palácio da Alvorada

Brasília

ou

Exmo. Senhor Presidente da República e Senhora (o nome completo da primeira dama).

Referindo-se ao Presidente Pessoalmente

Sua Exa. Sr. Presidente da República (dizer o nome completo do Presidente).

Escrevendo

A Ministros

Exmo. Sr. Ministro (nome completo do ministro).

Referindo-se:

Sr. Ministro

Oficiais de Gabinete

Exmo. Sr. (nome completo).

Oficial ou Secretário

Escrevendo

Cargos Públicos da Justiça

Meritíssimo Juiz

Endereçando: Exmo. Sr. Juiz da Suprema Corte

Dr. (nome completo).

Escrevendo

Embaixadores

Exmo. Sr. Embaixador Dr. (nome completo).

Falando: Embaixador ou Dr. (nome completo).

Observação: A mulher do embaixador tem socialmente o título de embaixatriz. Embaixadora é a mulher que exerce o cargo.

Apresentando

Sr. Embaixador (nome completo).

Senhora embaixatriz.

Na apresentação acima, deve ser anunciado, também, em seguida ao pronunciamento do nome do embaixador, o país por ele representado. Adotar a mesma conduta com os ministros, cônsules, encarregados de negócios etc.

Escrevendo

Senadores e Deputados

Exmo. Sr. Senador, deputado ou vereador (nome completo).

Observação: Todos aqueles que ocupam cargos públicos usam o tratamento de "nobre colega" entre si, e os que são do alto escalão recebem o tratamento de "Digníssimo". Esta regra é válida para o nosso país.

Pronomes de Tratamento

Pronome	Abreviatura	Quando se Emprega
Você	V.	para pessoas íntimas
Senhor	Sr.	para pessoas de respeito
Senhora	Sra.	título que se dá às mulheres
Vossa Senhoria	V. Sa.	para correspondência comercial e oficial
Vossa Excelência	V. Exa.	para altas autoridades
Vossa Reverendíssima	V. Revma.	para sacerdotes em geral
Vossa Eminência	V. Ema.	para cardeais
Vossa Santidade	V. S.	para o Papa
Vossa Majestade	V. M.	para os reis e rainhas
Vossa Alteza	V. A.	para os príncipes e princesas

Observação: Quando os pronomes de tratamento se referem à pessoa de quem se fala (terceira pessoa) apresentam-se com o possessivo "sua" e tomam as formas: Sua Senhoria, Sua Excelência, Sua Santidade etc. Quando se referem à pessoa com quem se fala apresentam-se com o possessivo "vossa". Exemplos: Vossa Senhoria, Vossa Excelência, Vossa Santidade etc.

A seguir, as expressões mais usadas:

V.S.a.	Vossa Senhoria		M.D.	Mui Digno
V.Sas.	Vossas Senhorias		Dr.	Doutor
S.Sa.	Sua Senhoria		Drs.	Doutores
S.Sas.	Suas Senhorias		Sr.	Senhor
Ilmo. Sr.	Ilustríssimo Senhor		Srs.	Senhores
Ilmos. Srs.	Ilustríssimos Senhores		Sra.	Senhora
DD.	Digníssimo		Sras.	Senhoras

A seguir, abreviaturas mais empregadas:

c.	conta
f., fl. ou fol.	folha
p.	página
(a)	assinado
(aa)	assinados
A/C.	ao(s) cuidado(s)
c/	com
cap.	capítulo
c/c.	conta corrente
dz.	dúzia(s)
g	grama(s)
h	hora(s)
kg	quilograma(s)
km	quilômetro(s)
l	litro(s)
Ltda.	limitada
m	metro(s)
P.D.	pede deferimento
pg.	pago
p.p.	por procuração ou próximo passado
P.S.	*"post scriptum"* (latim). É o mesmo que pós-escrito
Remte.	remetente
s.d.	sem data
t	tonelada(s)
d/d.	dias de data
d/v.	dias de visita

Exemplos de Cartas Comerciais

Avisando sobre pagamento de títulos

> São José dos Campos, 4 de maio de 1996
>
> Ilmo. Sr.
> Bento & Cia. Ltda.
> Rua São Cristóvão, 666
> São José dos Campos, SP
>
> Prezado Senhor,
>
> Sirvo-me da presente para comunicar a V.Sa. que na data de ontem efetuamos o pagamento dos seguintes títulos de sua emissão:
> Título nº 0.001   R$ 2.000,00
> Título nº 0.022   R$ 1.271,00
> Nesta oportunidade, quero destacar a pontualidade com que esta empresa vem cumprindo seus compromissos, característica de sua responsabilidade que certamente merecerá de V.Sa. a indispensável atenção para com futuros fornecimentos.
>
> Queiram aceitar os nossos cumprimentos.
>
> Subscrevo-me, com cordiais saudações
>
> (Assinatura)

Comunicado de extravio de mercadorias

> São José dos Campos, 3 de maio de 1996.
>
> A/C
> Ilmo. Sr. Carlos Frederico
> Rua Benedito Matarazzo, 767
>
> Prezado Senhor,
>
> Vimos informar a V.Sa. que até a presente data não recebemos as mercadorias relativas à sua fatura nº 343, de 3 de julho do corrente ano.
>
> Pedimos que tome as providências cabíveis, pois a falta do produto está nos causando sérios prejuízos.
>
> Antecipadamente, agradecemos a sua atenção,
>
> Subscrevemo-nos,
>
> (Assinatura)

Comunicando falta de mercadoria

São José dos Campos, 4 de maio de 1996.

A/C

Ilmo. Sr.

Frederico Alves & CIA. Ltda

Rua das Palmeiras, 101

Bairro Nova Catanduva, São Paulo – Capital

Prezados Senhores,

Recebemos a carta de V.Sas. no corrente mês e agradecemos a mui paciência que estão tendo. Em resposta, obriga-me a dizer-lhes que não temos em estoque a mercadoria referente ao pedido feito. Pedimos mais um prazo para cumprirmos a nossa falta, prazo este que se estabelece em 20 dias a decorrer da próxima segunda-feira, dia 1º de setembro/89.

Nesta oportunidade, reafirmamos a nossa elevada estima.

Cordialmente,

(Assinatura)

Pedindo mercadoria

São Paulo, 4 de maio de 1996.

A/C

Ilmos. Srs.

Irmãos Barbosa & Mello Ltda.

Rua das Acácias, 707

São Luiz, São Paulo

Prezados Senhores,

É com satisfação que através desta anexo um pedido sob o nº 123, referente a determinados produtos de sua fabricação e especialidade.

Faço saber que preciso dos produtos com urgência, pois as mercadorias que possuo nos estoques não são em número satisfatório.

Sem mais,

Atenciosamente,

(Assinatura)

Circular

São Paulo, 4 de maio de 1996.

Prezados Senhores,

No próximo dia 25 do corrente mês estaremos festejando o aniversário de nossa empresa. Será uma semana inteira de festividades e contamos com a presença de todos os nossos funcionários.

O local das festividades será o clube da ADC e o programa das atividades está anexado a esta circular.

Parabéns a todos, pois sem vocês a empresa não existiria.

Com consideração, agradecemos antecipadamente a todos.

Cordialmente,

Diretoria.

Requerimento

Senhor Diretor,

Luciana Gouveia, aluna regularmente matriculada neste estabelecimento de ensino sob o n° 243, cursando a 2ª série do ensino fundamental no horário da tarde, vem mui respeitosamente requerer a V.Sa. que se digne autorizar sua transferência para o período da manhã.

(Assinatura)

Observação: O requerimento deve ser usado dentro de termos formais e legais. Ele deve ser encaminhado sempre que pedirmos ou solicitarmos algo.

Declaração

Declaro que a Srta. Marta Maria C. Pinheiro, solteira, professora, residente nesta cidade, na Rua Conchonilas, 304, portadora da carteira de identidade n° 002.002.200, expedida pelo IFP/RJ, inscrita no CPF sob o n° 304.000.001, faz parte do corpo docente desta escola, onde exerce a função de professora primária.

São Sebastião da Barra, 5 de maio de 1996.

Escola _____

> A Quem Possa Interessar
>
> Declaramos para os devidos fins que a Sra. Viridiana M. Veloso, portadora da carteira de identidade nº 22.333.555, expedida pelo IFP/RJ, residente e domiciliada nesta cidade, tem prestado serviços a minha empresa com muita responsabilidade. Nada consta de duvidoso em seu caráter que possa vir a desaboná-la.
>
> São Francisco do Piauí, 3 de maio de 1996.

Ofício

> Ofício MOS-003/96
>
> São José dos Campos, 5 de maio de 1996.
>
> A/C
>
> Senhor Diretor,
>
> Com os meus cordiais cumprimentos, solicito a S.Sa. a atenção especial para um evento a ser realizado no prédio da escola _____, que se encontra sob sua direção.
>
> Essa solicitação vem de todos os alunos que participarão do referido evento.
>
> Reitero a nossa elevada estima e consideração.
>
> Cordialmente,
>
> (Assinatura)

Currículo

O seu currículo mostra quem você é profissionalmente, por isso ele deve ser claro, objetivo, organizado, inteligente e, sobretudo, deve sobressair entre os demais.

Não importa quanto tempo você tenha de mercado de trabalho, ou se ainda está entrando nele, o que você deve saber sobre o currículo é que ele é o seu espelho, ou melhor, é a sua imagem profissional expressa em um pedaço de papel. Por mais simples que possa parecer a tarefa de montar um currículo, não é.

Um currículo mal escrito fecha as portas para qualquer profissional bem-sucedido.

Ele pode ser feito de diversas maneiras, pois cada pessoa tem uma história profissional, uma personalidade, e isso deve ser transparente no currículo. Mas, existem algumas regras que não se modificam mas podem ser aprimoradas.

Observação: Tome cuidado ao elaborar um currículo criativo. Se você não souber fazer ou se estiver inseguro prefira o tradicional.

Para fazer um currículo você pode seguir dois caminhos:

Primeiro, você pode montar um documento único, padrão, que cumpra as regras básicas (veja em Regras Básicas) e valorize o conteúdo, atendendo ao mesmo tempo todas as empresas que sigam o mesmo destino. Nesse caso, faça uma análise da sua carreira e veja quais são as suas qualidades profissionais (o que você faz realmente bem). É bom lembrar que você deve identificar seus pontos fortes e fracos. Saiba identificar também e expressar a sua atuação trabalhando em equipe.

Segundo, você poderá fazer um currículo diferenciado, atendendo apenas à empresa em que você gostaria de trabalhar. Nesse caso, o currículo deverá atender às necessidades básicas (veja em Regras Básicas), mas esteja atento às dicas abaixo:

- antes de montar o currículo, escolha a empresa para a qual vai enviá-lo;
- conheça os valores, as regras e o sistema de trabalho da empresa pesquisada;
- procure conhecer o perfil dos funcionários da empresa escolhida, faturamento, mercado consumidor etc.;
- se houver jornal interno, consiga-o, será uma ótima maneira de você conhecer mais sobre a empresa;
- cruze as informações obtidas e faça com que seu perfil profissional se adapte e satisfaça às necessidades da empresa ou das empresas escolhidas.

Regras Básicas para a Montagem de um Currículo

1. *Texto* – clareza na definição do texto, português correto, informações precisas e sem ambigüidades e nem dubiedade de interpretações.

2. *Evite* escrever na primeira pessoa do singular, por exemplo: "eu fiz" ou "eu aconteci", o que causará a impressão de arrogância e prepotência. Evite também adjetivos e utilize mais substantivos, sempre que possível acompanhados de números concretos; se necessário, recorra ao auxílio de livros ou revistas.

3. *Número de páginas* – o currículo deverá ser escrito no mínimo em uma e, no máximo, em três ou quatro páginas. Se a sua experiência profissional ou seus estudos acadêmicos forem muito extensos, faça um resumo dos principais tópicos. Dica: acrescente, como primeira página, uma carta de apresentação.

4. *Dados pessoais* – essas informações devem ser colocadas na página principal, ou primeira página (sem ser a carta de apresentação). Basta colocar nome completo, idade, estado civil, número de filhos ou dependentes. Se tiver cidadania é necessário mencionar. Não esqueça o endereço completo (residência), telefone, celular, e/ou e-mail.

5. *Objetivo* – se você não fizer a carta de apresentação, crie o tema Objetivo; e seja claro em relação à finalidade do envio do seu currículo, qual o cargo pretendido e a área escolhida.

6. *Formação acadêmica* – nesse item, não coloque a formação do ginasial ou colegial, só o faça se você estiver ingressando no mercado de trabalho. Dê maior enfoque aos cursos de formação profissional, graduação, pós-graduação ou especialidades que considere mais relevantes.

7. *Idiomas* – é muito importante que você saiba uma ou mais línguas, de preferência o inglês e o espanhol, mas não mencione o que não sabe. Se só escreve ou se só fala corretamente uma língua estrangeira, seja sincero.

8. *Experiência profissional* – mencione as experiências profissionais adquiridas, no Brasil e no exterior. É importante conhecer o profissional como um todo, se tem cultura diversa ou conhecimentos. Bons profissionais são capazes de se relacionar e negociar com outras culturas.

9. *Carreira* – a trajetória profissional deverá ser introduzida na primeira página. Por uma simples olhada o leitor deverá conhecer e avaliar a trajetória profissional.

10. *Datas* – é necessário que se coloquem o tempo de permanência em empregos anteriores ou as datas de entrada e de saída dos mesmos. Se você preferir não colocá-los, tenha certeza de que lhe serão pedidos mais cedo ou mais tarde.

11. *Salários* – há quem diga que o salário pretendido não deve ser mencionado em um currículo, pois ele se torna uma possível barreira. Mas há empresas que desejam saber para que o processo de admissão possa ser agilizado. Este item fica a critério de cada um.

Observação: Não mande fotos no currículo, a não ser que seja exigência da empresa. E sempre peça que uma outra pessoa, de preferência um profissional, leia o seu currículo antes de enviá-lo à empresa.

FORMULANDO CONVITES E ESCRITOS

Como convidar e quando convidar

Há duas formas de se fazer um convite. Ele pode ser formal ou informal, mas convites oficiais de uma empresa seguem um rumo diferenciado.

O primeiro passo é fazer uma lista de convidados. Sente-se com o seu chefe, veja a prioridade dele e, em seguida, enfatize a prioridade da empresa.

Ao convidar uma pessoa para uma palestra tenha certeza de que você quer o trabalho dela; não se dispensa uma pessoa contatada, mesmo que o convite tenha sido verbal.

Após ter feito isso, escolha um bom modelo de convite, no qual estejam especificados o nome do evento que irá ser realizado, a data, o local e a hora, e não se esqueça de informar o traje.

Observação: Para convidados de gabinetes do Palácio Presidencial ou de pessoas de maior autoridade de uma cidade ou estado, deverá ser informada ou enviada uma lista por escrito de convidados que estarão presentes.

Os convites, sempre que possível, serão entregues por mensageiros. Caso isso não seja possível, quando o convidado pertence a outra cidade ou a outro estado, quem convida deverá arcar com as despesas do seu convidado e acompanhante, como transporte e hospedagem. No caso de o seu convidado comparecer com a esposa, caberá à secretária de quem convida marcar hora no melhor salão disponível para a senhora do convidado, e se colocar à disposição para qualquer eventualidade. Vale dizer que o convite impresso mostra o grau de formalidade de um evento.

A secretária deve saber que determinados convites devem ser formulados pela própria esposa de seu chefe. Reconheça o seu lugar.

Convites internos – Empresa

Quando formular um convite interno, na sua empresa, é aconselhável manter o entrosamento entre os colegas de trabalho, sem prestigiar um em detrimento do outro.

Quando os convidados forem o funcionário e a esposa, deve-se usar "Sr." para o primeiro e "Sra." para a segunda. No caso de ser a funcionária e o marido, usa-se: Sra. Lucia Lima e, num convite à parte, Sr. Diego Lima. Quando os dois forem funcionários, será expedido um convite para cada um deles.

Papel de carta

Hoje, podemos encontrar diversos modelos de papéis de carta, nas mais diversas cores e tamanhos, inclusive os lisos e tradicionais, que não sumiram das prateleiras nas papelarias.

Para a correspondência social vale qualquer tamanho ou qualquer cor, ou ainda poderá ser timbrado, mas somente com o nome (inteiro) da pessoa. Entretanto, se a correspondência for comercial, o formato é padrão: folha A4, timbrada com o nome da empresa. A cor permanece o branco e o creme. Jamais use desenhos em correspondência comercial. Vale saber que ao dobrar uma carta se deve deixar à mostra a assinatura e não o endereço para quem se manda a mesma.

O envelope de uma correspondência particular será manuscrito e caso não sejam usados os Correios deverá vir escrito "em mãos".

Dobrando o papel de carta

Papel de carta também precisa ser dobrado corretamente. Abaixo, o procedimento correto.

Telegrama

Antigamente enviava-se um telegrama para se anunciar um acontecimento ruim. Hoje, outros acontecimentos podem motivar seu envio, como aniversário, casamento, nascimento ou qualquer outra ocasião, para se desejar felicidades ou se desculpar por não ter podido comparecer pessoalmente.

Grandes empresas atualmente também usam o telegrama para avisar a candidatos sobre sua admissão, depois de testes positivamente já concluídos.

ABRINDO CORRESPONDÊNCIA

Ao abrir uma correspondência, seja ela uma carta ou um telegrama, esteja certo de que ela foi dirigida a você. Evite abri-la na frente de terceiros; se vier escrito algo para você transmitir, faça-o depois. Caso receba uma correspondência que estava esperando, quando estiver em uma reunião, peça licença e mantenha a discrição.

Cartão de Visita

Cartões de visita sempre são muito elegantes. Demonstram a pessoa organizada que você é e, ao mesmo tempo, demonstram que você tem atenção e reciprocidade para com quem recebe.

O cartão de visita tem o objetivo de mostrar qual a função que você ocupa na empresa, o seu telefone e o endereço comercial. Os cartões variam de cor: o clássico continua sendo o branco, com escrita preta e/ou cinza-escuro. O tamanho é o mesmo.

Todos os profissionais devem ter em mãos o seu cartão de visita e, ao entregá-lo, deve dizer seu nome completo e sua função.

Mas é preciso saber usá-lo. Não se deve entregá-lo a qualquer pessoa, sem um propósito claro, definido. Os profissionais da área de advocacia, por exemplo, oferecem seu cartão logo que um cliente se senta à sua frente. No mais, é usar o bom senso.

Outras ocasiões que permitem o uso do cartão:

- ao mandarmos flores (risca-se o sobrenome somente com um traço na diagonal);
- quando aceitamos ou não um convite, somente em casos mais formais;
- para comunicar troca de endereço;
- ao acompanhar presentes de casamento;
- ao oferecermos nossos serviços (uso profissional).

Observação: Ao formularmos convites por cartão usa-se riscar o sobrenome. A assinatura não é obrigatória.

O cartão de visita social terá apenas o nome, sem título ou endereço. Já os cartões profissionais devem ter nome completo e título, ou seja, nome da empresa ou seu logotipo e a função nela exercida.

Quando um casal visita outro, deixa-se o cartão comum com a senhora visitada e um cartão individual do homem com o senhor visitado. Essa regra vale também para outras ocasiões onde se encontrem outros casais que queiram manter contato.

Se o casal não possuir cartão comum, o homem deixará dois cartões: um para a senhora e um para o cavalheiro visitado, e a mulher deixará apenas com a senhora visitada.

SIGLAS NO CARTÃO DE VISITA

As siglas são usadas no cartão pela sua praticidade em não ocupar muito espaço, além de comodidade mais formal.

Palavras básicas podem e devem ser escritas em formas de siglas e elas deverão ser usadas do lado esquerdo do cartão. Abaixo, as mais usadas:

França:
p.r   pour remercier
p.f   pour feliciter
p.c   pour condoléances
p.p.c   pour prendre congé

Brasil/Portugal:
a.a   a agradecer
a.f   a felicitar
s.p   sentidos pêsames
a.d   a despedir-se

Observação: Os dizeres acima devem ser escritos à mão nos cartões.

Dobras no Cartão

Você sabe o que significa a dobra no cartão?

A dobra é a forma de expressar que o cartão dado naquele momento foi dirigido unicamente àquela pessoa e não será permitido passá-lo adiante.

BREVE HISTÓRIA DA DOBRA DO CARTÃO DE VISITA

Antigamente, fazia-se a dobra no cartão quando íamos visitar alguém (por exemplo, em um hospital), e esse alguém não podia nos ver. Então, pedia-se que a enfermeira ou alguém próximo à pessoa visitada o entregasse.

Essa era uma forma de provar que você esteve pessoalmente no local, mas que, infelizmente, não foi possível vê-la.

Esse foi um dos motivos que fizeram com que surgisse a dobra no cartão. Mais tarde a dobra passou a representar exclusividade. Quem recebesse o cartão com a dobra não podia passá-lo adiante.

MODELOS DE CARTÃO DE VISITA

Cartão social

Se for de uma pessoa solteira

Pessoa casada

Modelo de cartão de visita profissional

Impressos em Geral – Modelos

PAPEL DE CARTA DE USO PESSOAL

Há pessoas que, freqüentemente, escrevem para amigos ou parentes. Se você possui esse agradável costume, dê preferência ao papel de carta já com o seu nome impresso. Veja o desenho.

PAPEL DE CARTA DE USO PROFISSIONAL

O papel de carta ou papel para correspondência de trabalho deve ter o logotipo da empresa ou do profissional (no alto, à esquerda). Veja o desenho.

Papel de carta de uso pessoal

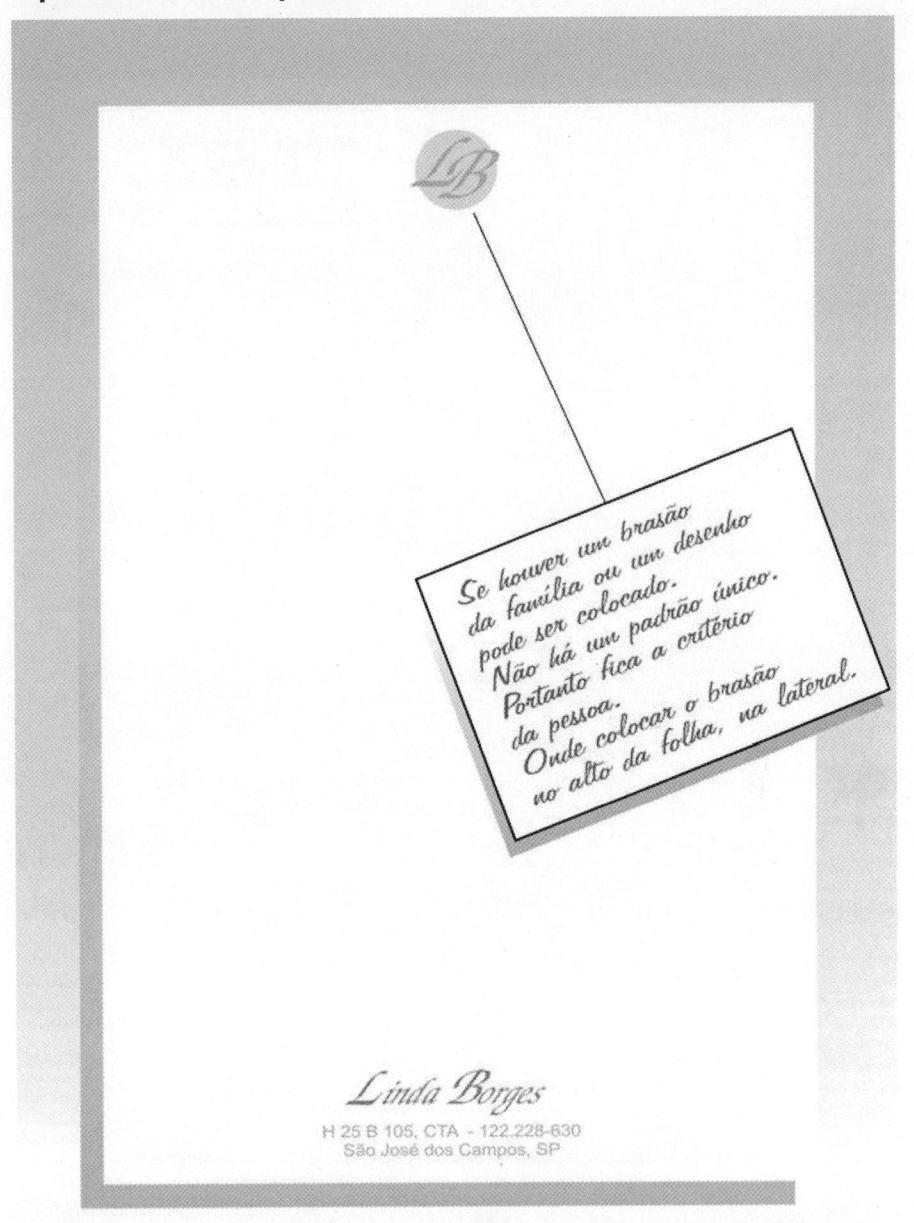

Se houver um brasão da família ou um desenho pode ser colocado.
Não há um padrão único.
Portanto fica a critério da pessoa.
Onde colocar o brasão no alto da folha, na lateral.

Linda Borges
H 25 B 105, CTA - 122.228-630
São José dos Campos, SP

Papel de carta de uso profissional

RH-T&D Consultoria

H 25 B 105, CTA - 122.228-630 - São José dos Campos, SP- Fone:(12) 3942-5295 - Cel (12) 81621638
site: http://www.estilovale.net   e-mail: contato@estilovale.net

Modelos de impressos em geral

Capítulo 6
Viajando pela Empresa

Quando tiver que viajar pela empresa, situações constrangedoras ou mesmo problemas podem ser evitados tomando-se alguns cuidados, que devem ser dobrados quando a sua função for de acompanhar os executivos da mesma.

Para auxiliá-la nessa etapa seguem algumas dicas.

Aeroporto

Use roupas sóbrias, sapatos de saltos médios. Escolha malas que sejam fáceis de transportar, ou seja, com rodinhas e que sejam de boa qualidade. Bolsa de mão não muito grande e com *nécessaire* que contenha itens que possam lhe socorrer sem causar problemas na sala de embarque.

DICAS:

- Para *nécessaire* de bolsa de mão: lixa de unha, esmalte incolor, meia fina, fio dental, escova de dente, curativo descartável, maquiagem de seu costume, sabonete de espuma para mãos, produtos íntimos, remédios para dor de cabeça e enjoo, e o que mais você achar de extrema necessidade para sua segurança e conforto.
- Tenha às mãos: passaporte para viagens internacionais, identidade e passagem.
- Não é de bom-tom beber drinks antes do voo, mesmo que lhe seja oferecido. Não se esqueça de que você está a trabalho, não a passeio.

Atenção: Caso você esteja acompanhando um executivo, tenha às mãos o que ele possa vir precisar: agenda de contatos, caneta, bloco de anotações, celular etc.

PASSAPORTE

Quanto mais alto o cargo, mais possibilidades se abrem e isso inclui viagens a trabalho. Tenha sempre pronto o seu passaporte, para que você não seja pega de surpresa.

FAZENDO AS MALAS

Quando viajamos a trabalho estamos apenas mudando geograficamente nossas funções. Prepare a mala de forma prática, com roupas sóbrias e que amassem pouco, que sejam versáteis.

Guarda-roupa para 7 dias

- Viajando – conjunto de calça ou saia de cor neutra. Evite tecidos que amassem com facilidade ou cores claras que sujem facilmente.
- Dê preferência a usar blusa que seja leve e que combine com *blazer*. Se sentir calor ou frio você terá a oportunidade de usar ou retirar a combinação.
- Roupas – 2 ou 3 conjuntos de *tailleurs* que combinem entre si. Um vestido Chanel, preto básico. Blusas de seda. Para a noite, permita-se usar algo mais descontraído, mas ainda assim sóbrio, sem muitos decotes ou fendas.
- *Lingerie* – 1 conjunto de dormir, camisolas, conjunto de *lingerie*. Há quem prefira levar apenas dois, e ir lavando e usando. Isso vai depender do seu costume e da sua disponibilidade.
- Acessórios – 2 pares de sapatos; 1 lenço ou estola; 4 pares de meias. Uma bolsa extra de mão.

Observação: Roupas sujas poderão ser lavadas na lavanderia do hotel e com prazo de entrega determinado. Caso não queira os serviços do hotel, as roupas sujas devem ser envoltas em sacos plásticos antes de serem colocadas na mala.

Importante!

Se você estiver viajando para algum congresso, onde existe uma programação a ser seguida, atente para os trajes especificados. Assim, você terá maior facilidade em montar a sua mala e estará livre de gafe visual.

Não se esqueça das gorjetas. É de bom-tom dar gorjetas para os carregadores.

Capítulo 7
Postura Corporal – O seu Corpo Fala!

Tendo mencionado a postura comportamental, acredito ser importante citar também a postura corporal, afinal, através da mensagem corporal, incluindo como nos vestimos, podemos identificar sobre a personalidade do indivíduo. Quem nunca ouviu falar sobre o marketing visual?

Comecemos pela mensagem corporal. Ao sentar-se, tente ficar sempre com as costas retas. As pernas podem ser cruzadas, mas prefira mantê-las paralelas.

Ao andar, procure fazê-lo com passadas curtas. Nada de corre-corre pelo escritório. Como era recomendado nas antigas aulas de postura corporal, ande como se estivesse com um livro na cabeça; queixo de bailarina e olhos voltados para a linha do horizonte.

Em pé, não fique descansando os pés/pernas, coloque-os em posição reta ou com um pé na frente do outro; mantenha sempre uma postura reta; ombros erguidos. Olhe as pessoas nos olhos enquanto fala com elas e cuidado com os cacoetes; evite, por exemplo, estalar os dedos ou morder os lábios (ou qualquer outra mania) que só servem para mostrar insegurança, medo ou insatisfação.

Ao se abaixar, não levante os quadris. Seja elegante, mantenha-se como se estivesse sentada, porém sem apoio.

O seu Corpo Fala!

O escritor Pierre Weill fala muito bem sobre esse assunto, em seu livro *O Corpo Fala*. Muitas vezes não conseguimos harmonizar o que sai da nossa boca com o que queremos dizer. Outras vezes, é o nosso corpo que fala por si só. Nosso corpo expressa as nossas ansiedades, desejos e conquistas de forma natural, mesmo que as nossas palavras digam o contrário. Os gestos podem significar muito mais do que você imagina.

Código Visual – Definição

Veja a seguir os códigos visuais através dos trajes e aprenda a se vestir correta e elegantemente. Hoje, além da competência profissional apresentada em um currículo, existe também o código visual que é levado muito em consideração em qualquer área de atuação. Lembre-se de que a primeira impressão é a que fica. Especialistas garantem que é possível se analisar uma pessoa pela sua aparência logo no primeiro minuto.

"O que você veste diz muito a respeito do profissional que você é."

O que veremos aqui é como nos vestir adequadamente para cada ocasião e como poderemos passar uma imagem sem ambivalência de interpretações para quem nos vê.

Vejamos, então, esse aspecto no campo de atuação específico da secretária:

- a secretária quer passar a imagem de uma pessoa séria, mas usa, no local de trabalho, roupas não apropriadas, como minissaia e blusa transparente.

A secretária ao se vestir deve optar por cores discretas e que, ao mesmo tempo, combinem com seu tom de pele. Esse bom senso para se vestir pode não ser uma tarefa fácil para quem não entende muito do assunto, por isso não tenha vergonha de perguntar, de pedir ajuda. Cuidado para não cair na conversa de vendedor, que, muitas vezes, lhe empurra o que nem sempre é melhor para você.

O que Vestir? Marketing Visual

O vestuário de uma profissional deve ser constituído de (caso não haja a regra de uniforme na empresa):

- calça, nunca justa ou baixa;
- saia, no máximo quatro dedos acima dos joelhos;

- *tailleur* sóbrio, não antiquado;
- camisas, sejam de golas, sejam de botões, a preocupação será em não usar as transparentes;
- vestidos, tipo *chemise*, discretos e nunca justos demais, marcando o corpo.

Independente da altura e do tipo físico, o importante é você criar o seu próprio estilo e não usar algo apenas para dizer que você está na moda. A pessoa que sabe se vestir usa uma peça ou outra que esteja na moda, mas procura criar um estilo próprio. O chique não é ter roupas caras, uma peça de corte e caimentos podem fazer, sim, a diferença, mas o que conta mesmo é ter estilo próprio, levando em consideração a elegância, a discrição, o bom senso e o moderno.

Observação: Em dias de eventos oficiais, ou quando for receber pessoas de determinado nível político ou social, as mulheres deverão trajar *tailleur*. Mulheres que ocupam cargo público, ou acompanham autoridades, devem prestar atenção ao subirem em aviões, já que deverão sempre usar saia. Principalmente se este avião for militar ou de autoridade, como o do Presidente da República.

Conhecendo os Trajes – Ela

TRAJE ESPORTE

Saia e blusa, calça comprida (a calça não será permitida para eventos oficiais), sandálias fechadas (no verão) e sapatos de salto baixo.

ESPORTE COMPLETO

Tailleur, saia e *blazer* em cores diferentes, vestidos, saias e blusas, sapato mocassim. A bolsa pode ser a mesma do dia-a-dia, desde que esteja bem conservada.

PASSEIO – *TENUE D'VILLE* – OU CASUAL DA TARDE

Tailleur, *blazer*, vestido, sapatos *scarpin* liso sem muitos detalhes e fivelas douradas, a bolsa deve ser pequena.

Alto Esporte

Usa-se o mesmo do *Tenue d'Ville*, porém poderá incluir chapéu para eventos matinais, desde que seja ao ar livre. A luva de pelica também poderá fazer parte desse traje (não se esqueça da época do ano, para cada uma delas há um tecido).

Recepção

Um jantar na casa de amigos ou qualquer acontecimento que reunir um grupo de pessoas em um determinado local privado devem ser chamados de recepção. Mas, às vezes, uma recepção pode-se tornar uma ocasião mais chique, por isso use vestidos ou roupas de duas peças, e dê preferência a saias e blusas, roupas em tecido nobres. Para acompanhar, os acessórios devem combinar entre si: sapatos, cintos e bolsas.

Black-Tie

O *black-tie* é pouco usado, mas ainda assim é importante falar sobre ele. Saia longa, ou seja, comprida até o pé, e blusa. Essas roupas devem sempre ser de tecidos nobres e, se possível, com modelagem exclusiva para você.

Casual Day

Surgiu recentemente, mas é cada vez mais adotado no mundo dos negócios. É basicamente mais descontraído do que o traje usado na empresa, ou no escritório, porém você continua trabalhando. Então, permita-se tirar o *tailleur*, mas sem esquecer de que nunca deve usar minissaia ou roupa transparente.

Dicas úteis:

- Tenha sempre uma meia fina extra à mão.
- Compre sapatos somente no período da tarde, o motivo é óbvio.
- Sapatos, bolsa e cintos combinam entre si, mas se você for uma pessoa mais segura misture levando em consideração a textura e o material de cada peça.

- Tenha duas ou três bolsas de boa qualidade para ir ao trabalho, e tenha também uma boa e bonita pasta em couro para documentos; pastinha de plástico não convém.

BIJUTERIAS E ACESSÓRIOS

Com a grande variedade de bijuterias quem resiste a não usá-las? Lance mão dessa peça, mas sem exageros.

Para o dia, prefira as sem muito brilho. Pérolas e pedras serão bem-vindas, desde que sem misturá-las.

Lembre-se:

A elegância de uma profissional está em "menos sempre será mais".

Capítulo 8
Cuidados Pessoais

Cuidando da Aparência

Costumo dizer que hoje não existe pessoa feia, mas pessoa que não se trata, descuidada ou sem dinheiro (risos).

Com tanta oferta de produtos de beleza e profissionais especializados em nos deixar mais bonitas, por que não aproveitar esse pequeno mimo? Quem ganha somos nós mesmas.

Se você tem problemas na pele, procure um dermatologista. Existem muitos produtos bons no mercado, mas muitos nem sempre funcionam para o seu tipo de pele e você pode estar jogando dinheiro fora.

Próximo passo: Está acima do peso? Procure um endocrinologista. Uma dieta equilibrada, balanceada, é tudo o que você deve estar precisando para ter aquele corpo que tanto almeja.

Cuidou da pele e do peso, chegou a hora de cuidar do cabelo e da maquiagem. Vá a um excelente salão de beleza. Não economize. Procure um profissional competente, que olhe para você e descubra que estilo de cabelo combina melhor com o seu rosto. Aproveite e corrija as sobrancelhas. Aprenda, também, a fazer passo a passo a sua maquiagem do dia e da noite.

Caso esteja sentindo dificuldade em ler ou enxergar bem, ou caso use óculos e eles estejam precisando ser trocados, procure um oftalmologista. Veja a possibilidade de você usar até mesmo uma lente de contato.

Se não for esse o seu caso, procure comprar um óculos que combine com você. Profissional competente, séria, mas, ao mesmo tempo, feminina e atraente.

É importante, ainda, cuidar do vestuário. Se você não souber montar um guarda-roupa novo, contrate um *personal style*. Se sua situação financeira não permitir tal investimento, procure ler sobre o assunto. Com certeza, tirará algum proveito da leitura.

Se mesmo com essas dicas você não se sentir 100%, faça um *check-up*. E cuide também do emocional, não deixando sua auto-estima cair.

> *A alma pode parecer plena*
> *se a vida nos deixar seguir a nossa vontade.*
> *Mas como pode a alma crescer na beleza*
> *se não conseguimos olhar para pequenas coisas*
> *e entender como elas são feitas?*
> *O entendimento, por sua vez, não está no questionamento*
> *da vida, mas na elevação do espírito.*

DICAS PARA VOCÊ MESMA FAZER A SUA MAQUIAGEM

Saber maquiar-se é muito importante. Saiba usar a maquiagem certa para combinar com o seu tom de pele, mas, para ir ao trabalho, sempre dê preferência a tons suaves. Consulte um maquiador para eventuais dúvidas.

Como se maquiar corretamente

Primeiramente, você deve estar com a pele limpa e hidratada e, se for durante o dia, usar também filtro solar.

Segundo passo: se você tem imperfeições na pele, não se desespere. Lance mão dos corretivos e só então use a base.

Em seguida, use um pó translúcido para eliminar o brilho em excesso deixado pela base.

Se você tem olheiras (escuras), disfarce-as usando duas tonalidades de cor mais clara do que a base aplicada no resto do rosto.

Durante o dia, evite as sombras cintilantes e batons com cores fortes e brilhantes.

Antes de aplicar o batom, faça o contorno com lápis (próprio para os lábios), assim ficará mais fácil aplicá-lo, sem erros.

Não se esqueça de manter as sobrancelhas sempre feitas. Sobrancelhas feitas ajudam a emoldurar o nosso rosto, afinal uma sobrancelha bem tirada e bem desenhada dá harmonia ao rosto e à maquiagem.

SONO

Para que você possa ter uma pele bonita, um astral lá em cima e conseguir enfrentar os obstáculos do cotidiano, é fundamental uma boa noite de sono. É claro que quase sempre isso não é possível, principalmente para as mulheres que trabalham fora e ainda são, muitas vezes, mães e esposas.

Para ter uma boa noite de sono siga corretamente essas dicas:

- Respeite seu organismo e adote algumas mudanças muito simples nos seus hábitos noturnos.
- Evite os remédios noturnos, eles viciam e cada vez mais você precisará de doses maiores, sem falar que a depressão no dia seguinte é garantida.

O ser humano normal precisa de pelo menos oito horas de sono por noite. Mas pesquisas recentes revelaram que existem pessoas que podem dormir menos tempo e são felizes. Esse fator revela que cada pessoa tem um relógio biológico. Descubra o seu, e respeite-o.

Pesquisas revelam também que o sono, para ser bom, precisa entrar no estágio profundo quando, só então, pode-se dizer que a pessoa alcançou seu descanso noturno completo.

Evite:

- barulhos de rádio ou televisão no quarto;
- prefira o quarto escuro. O escuro induz ao sono;
- no verão, prefira o quarto arejado naturalmente. Não durma com o circulador ou o aparelho de ar-condicionado ligados durante toda a noite;
- o barulho do *tique-taque* do relógio de cabeceira também pode interferir no sono. Tire o relógio do seu quarto;
- não beba bebidas alcoólicas. Elas podem ajudar no começo da noite, porém você terá um sono agitado e desconfortável;

- evite tomar chá preto, mate ou café, porque eles possuem substâncias estimulantes;
- não coma alimentos pesados;
- evite discussões antes de dormir. Não leve problemas para a cama.

Faça:

- tome um bom banho antes de deitar; debaixo do chuveiro evite pisar no lado liso da borracha que fica dentro do boxe pois ela não deixará descarregar a energia acumulada em você;
- vire a borracha do lado contrário; você encontrará pontas que ajudarão no relaxamento, onde há aquelas bolinhas;
- escove bem os cabelos antes de deitar;
- se gostar de ler, leia algo que eleve o seu astral;
- ouvir música suave, enquanto toma banho ou se prepara para dormir, também é aconselhável;
- se você tem um companheiro, peça para ele fazer massagens na sua nuca, cabeça e ombros; faça você mesma em seus pés, se preferir.
- tenha uma boa noite e bons sonhos...

DICAS E CURIOSIDADES

- No seu escritório, monte uma pequena farmácia, um *kit* básico de produtos de primeiros-socorros. Você nunca sabe o que pode acontecer. Você encontra-os em farmácias e drogarias. Ah! Não se esqueça das luvas cirúrgicas que também devem ser levadas até mesmo dentro do carro, pois você pode precisar ajudar alguém. É dever de todo bom motorista socorrer em casos de acidentes, mesmo se ele não for o culpado.
- Carregue com você um esmalte incolor, para usar caso a sua meia fina rasgue. Colocando um pouquinho do esmalte no ponto onde desfiou, você evitará que ela desfie mais.
- Para você tirar manchas de batons de tecidos, molhe a mancha com água pura e, em seguida, aplique um pouco de bicarbonato, esfregando delicadamente até a mancha desaparecer

por completo. A mancha de café deve ser retirada na hora com água bem quente ou fervendo. As manchas alcoólicas são retiradas facilmente esfregando-as com um pouco de éter. Depois é só enxaguar.

Dieta Alimentar: Aprendendo a Comer e a Controlar o seu Peso

Quem, alguma vez, já não se perguntou: "Comemos para viver ou vivemos para comer?"

A resposta a essa pergunta pode variar muito de pessoa para pessoa. Muita gente come por impulso, deposita na comida suas ansiedades, suas angústias ou até mesmo suas alegrias. Tudo depende do estado de espírito da pessoa. Pesquisas médicas revelaram que existem pessoas que passam o dia todo sem comer direito, porém, durante a noite, comem compulsivamente.

Esse tipo de comportamento é provocado por problemas psicológicos mal resolvidos. Se a causa do problema não for diagnosticada a tempo e tratada adequadamente, a pessoa pode comer compulsivamente até um estado de autodestruição. Cada vez comerá mais e mais, podendo ter problemas como depressão. A principal conseqüência desse estado de autodestruição é o indivíduo entrar no estado máximo da depressão quando pode, então, comer e em seguida provocar o vômito, fazendo isso várias vezes ao dia, durante semanas. Esse é o início de outro estado: sai-se da compulsividade na alimentação e passa-se para o estágio da bulimia, quando o indivíduo pode chegar a desfalecer por perdas excessivas de vitaminas no organismo; podendo, inclusive, chegar a romper vasos sangüíneos ao provocar o vômito e mesmo forçar muito o próprio coração. Fique atenta, a ajuda médica especializada é a saída certa para esses casos.

Deixo, a seguir, algumas dicas de como comer bem e, ao mesmo tempo, controlar o seu peso.

COMENDO BEM E CONTROLANDO O PESO

O primeiro passo é você dividir e balancear bem os alimentos todos os dias, colocando-os em porções adequadas para manter ou perder peso, com saúde.

Os alimentos se classificam como:

- *Pães, cereais de massas*

Esses alimentam, ao contrário do que se pensa, quando ingeridos na hora certa e, em quantidade adequada, não engordam. São a base da nossa alimentação e podem ser consumidos em seis a onze porções diárias.

- *Verduras, legumes e frutas*

As verduras e os legumes fornecem muitas fibras, vitaminas e minerais e também energia; podem ser ingeridos em três a cinco porções diárias. As frutas complementam a dose de vitaminas e minerais, e podem ser ingeridas em duas ou três porções diárias.

- *Carnes, ovos e grãos*

Garantem proteínas, ferro e mineral para o nosso organismo, mas a sua presença deverá ser controlada por causa da gordura. Duas a três porções diárias são o bastante.

- *Leite, queijos e iogurtes*

Esses alimentos fornecem proteínas e cálcio, mas só devem ser consumidos em duas ou três porções diárias, por serem muito gordurosos.

- *Doces, gorduras e óleos*

Apesar de os doces nos fornecerem energia, devem ficar por último na nossa lista de controle de alimentação. A gordura e os óleos só servem para temperar alimentos, mesmo assim tente resistir a uma pizza regada com azeite. Quanto às carnes, prefira as grelhadas com óleo natural de baixa caloria.

O que Quer Dizer Porção?

Quando falo em porção, não quero dizer que você tenha que comer, por exemplo, pães, massas, cereais, carnes e legumes. O correto é você intercalar esses alimentos, balanceando-os. Fique atenta: uma porção varia de acordo com o alimento que você está ingerindo ou com a dieta que você esteja fazendo, mas se você achar mais prático conte as calorias e mantenha a forma. A mulher para manter o seu peso pode ingerir até 1.200 calorias diárias, tomando o devido cuidado de não ultrapassar um grama.

LINDA BORGES

Tabela de Calorias

GRUPO ALIMENTAR	
Pães, Massas e Pizzas	
Produto	Kcal
Pão francês de 50g	135
Pão de centeio claro – 1 fatia	62
Pão de centeio integral – 1 fatia	58
Croissant de 60g	120
Pão de fôrma *diet* ou normal – fatia	entre 52 e 87
Pão de mel com cobertura de chocolate, unidade de 20g	91
Pão de queijo, unidade 20g	entre 68 e 107
Torrada – unidade	40
Canelone de ricota – 100g	147
Capelete de carne – 100g	282
Capelete de frango – 100g	281
Espaguete comum – 160g	233
Macarrão à carbonara – 100g	402
Macarrão com molho de tomate e queijo – 100g	104
Pizza de muzzarella – 1 fatia 140g	415
Pizza portuguesa – fatia 140g	449
Pizza quatro queijos – 1 fatia 140g	410
Cereais, Farinhas e Complementos	
Produtos	Kcal
Aveia de preparo instantâneo – 1 colher de sopa 15g	57
Aveia em flocos – 1 colher de sopa 15g	59
Farinha de arroz – 1 colher de sopa 15g	9
Farinha de soja – 1 colher de sopa 20g	96
Granola – 1 xícara de 40g	220
Pratos Caseiros e Produtos Industrializados, Sanduíches e Sopas	
Produtos	Kcal
Arroz com feijão – 2 colheres de sopa 20g	75
Arroz com lentilhas – 2 colheres de sopa 40g	180
Arroz com feijão temperado com bacon e ovo frito – 1 prato	900
Batata *sautée* com margarina – 2 unid.	54
Batata frita – 100g	340

Continua

Sanduíche americano – unid.	458
Sanduíche Beirute – unid.	510
Sanduíche Beirute de Filé Mignon – unid.	872
Sanduíche de Bacon – unid.	410
Sanduíche de linguiça – unid.	370
Sanduíche de salada de atum – unid.	270
Sanduíche de peito de peru – unid.	375
Cachorro-quente com Ketchup – unid.	314
Cachorro-quente com Mostarda – unid.	330
Cachorro-quente completo – unid.	479
Cachorro-quente com salsicha de peru – unid.	213
Sopa de cebola caseira – 1 prato, 250g	173
Sopa de cevada caseira – 1 prato, 250g	262
Sopa de creme de abobrinha – 1 prato 250g	296
Sopa de ervilhas caseira – 1 prato, 250g	170
Sopa de batata caseira – 1 prato, 250g	454
Salgadinhos e Petiscos	
Produtos	**Kcal**
Amendoim cozido com sal – 1 colher de sopa	50
Amendoim japonês – pacote	469
Coxinha de frango – unid. 100g	211
Croquete de carne assado – unid. 100g	273
Croquete de carne frito – unid. 30g	82
Croquete de queijo – unid. 30g	50
Pastel de queijo – unid.	130
Pastel de carne – unid.	200
Pastel de palmito – unid.	180
Quibe de forno – 1 quadrado	190
Quibe cru – 1 quadrado	167
Quibe frito – unid. 30g	60

CALCULANDO O SEU PESO

Antigamente os especialistas em dieta alimentar diziam que o peso ideal de uma pessoa deveria ser 10kg abaixo da sua altura, por exemplo: se você mede 1,60m precisava pesar o equivalente a 50kg.

Pesquisas recentes criaram uma nova e mais correta maneira de calcular o peso ideal. Hoje, calcula-se o peso pelo IMC – Índice de Massa Corporal.

Veja a tabela abaixo:

IMC	Peso	Grau de Obesidade
Entre 19 e 23,9	Normal	Não há obesidade
Entre 24 e 28,9	Acima do normal	Obesidade leve
Entre 29 e 38,9	Excessivo	Obesidade elevada
Mais de 39	Altíssimo	Obesidade mórbida que oferece risco

"Quando comemos corretamente, nós nos sentimos melhor, pois mantemos ou entramos em forma, e assim melhoramos o nosso desempenho, pois o nosso corpo bem como nosso organismo agradecem!"

Observação: Se você quiser perder peso, procure orientação médica. Só o médico poderá ajudá-lo.

O nosso corpo é controlado pela nossa mente, por isso sempre enfatizo que devemos manter a mente sob controle, elevando o nosso espírito, trazendo fluidos positivos para o nosso dia-a-dia. Assim, automaticamente, estaremos melhorando a nossa vida e a nossa saúde.

Nas páginas anteriores foi abordado algo sobre saúde, mas agora trataremos das doenças que nos pegam de surpresa, mas que também podem ser diagnosticadas e tratadas quando há a prática regular de exames.

Pesquisadores e profissionais da área da saúde chegaram à conclusão de que muitas das doenças que são formadas em nosso corpo são produzidas pela nossa mente. O nosso estado emocional, quando passa por uma fase negativa, deixa o nosso organismo mais vulnerável e sujeito a doenças.

Um exemplo: quando entramos em estado psíquico negativo, não conseguimos ver as perspectivas de vida a nossa frente, dando, com isso, oportunidade para que as coisas ruins penetrem em nossas mentes e, com elas, doenças psíquicas (dores em qualquer lugar do corpo, depressão, palpitações, etc.).

A pesquisa também constatou que pessoas alegres vivem mais e muito melhor, pois acreditam em um propósito de vida, têm objetivos e metas traçadas.

Li uma vez um artigo sobre o que é juventude e gostei muito desta definição:

> "O verdadeiro Jovem é aquele que está sempre encantado com a vida. Não tem medo de sentir, vibrar, amar. Este estado de espírito – ou seja, a juventude – pode durar para sempre".

Para Refletir

> "Ser Jovem"
>
> Juventude não é um período da vida; é um estado de espírito, um efeito da vontade, uma qualidade da imaginação, uma intensidade emotiva, uma vitória da coragem sobre a timidez, do gosto da aventura sobre o amor ao conforto.
>
> Não é por termos vivido certo número de anos que envelhecemos; envelhecemos porque abandonamos o nosso ideal.
>
> Os anos enrugam o rosto; renunciar ao ideal enruga a alma. As preocupações, as dúvidas, os temores e os desesperos são inimigos que lentamente nos inclinam para a terra e nos tornam pó antes da morte.
>
> Jovem é aquele que se admira, que se maravilha e pergunta, como criança incansável: E depois?... Que desafia os acontecimentos e encontra alegria no jogo da vida.
>
> És tão jovem quanto a tua fé. Tão velho quanto a tua descrença. Tão jovem quanto a tua confiança em ti e a tua esperança. Tão velho quanto o teu desânimo.
>
> Serás jovem enquanto te conservares receptivo ao que é belo, bom e grande. Receptivo às mensagens da natureza, do homem, do infinito.
>
> E se um dia teu coração for atacado pelo pessimismo e corroído pelo cinismo, que Deus, então, se compadeça de tua alma de velho.
>
> General Mac-Arthur

Algumas Doenças: Sintomas e Prevenções

Para prevenir as doenças, faça exames periódicos pelo menos uma vez ao ano. Assim, você poderá evitar possíveis aborrecimentos ou imprevistos com a sua saúde e melhorará a qualidade de vida que você leva.

CÂNCER DE MAMA E DO COLO DO ÚTERO

O câncer de mama tem sido uma preocupação constante da nossa medicina. As mulheres parecem que ainda não se conscientizaram de que o câncer pode matar, mas quando diagnosticado a tempo podem ser feitos tratamentos eficazes que propiciam a cura.

Para diagnosticar previamente tanto o câncer de mama quanto o do colo do útero podem e devem ser feitos exames periódicos. Veja abaixo.

Câncer de mama

Prevenção – Como examinar seus seios

Faça um autoexame, todos os meses, logo após a menstruação, quando as mamas não estão mais inchadas, adotando os seguintes procedimentos:

- Em frente ao espelho, observe se não houve mudanças no formato do seu seio ou qualquer alteração na pele, como descascamento, rugosidade ou depressões.
- Levante os braços, verifique se os mamilos não estão invertidos ou desviados.
- Aperte o bico dos seios suavemente para ver se não há secreção; faça isso fora do período de gravidez e amamentação.
- Apalpe as mamas à procura de caroços. Levante o braço direito e com dois dedos da mão esquerda apalpe o seio direito de forma circular. Faça o mesmo com o seio esquerdo. Examine também as axilas.
- Deite-se e coloque um travesseiro nas costas (sob o tórax). Repita os movimentos de apalpar os seios.

Observação: A qualquer sinal de nódulos ou pontos endurecidos, não se desespere, consulte seu médico.

Veja o desenho a seguir:

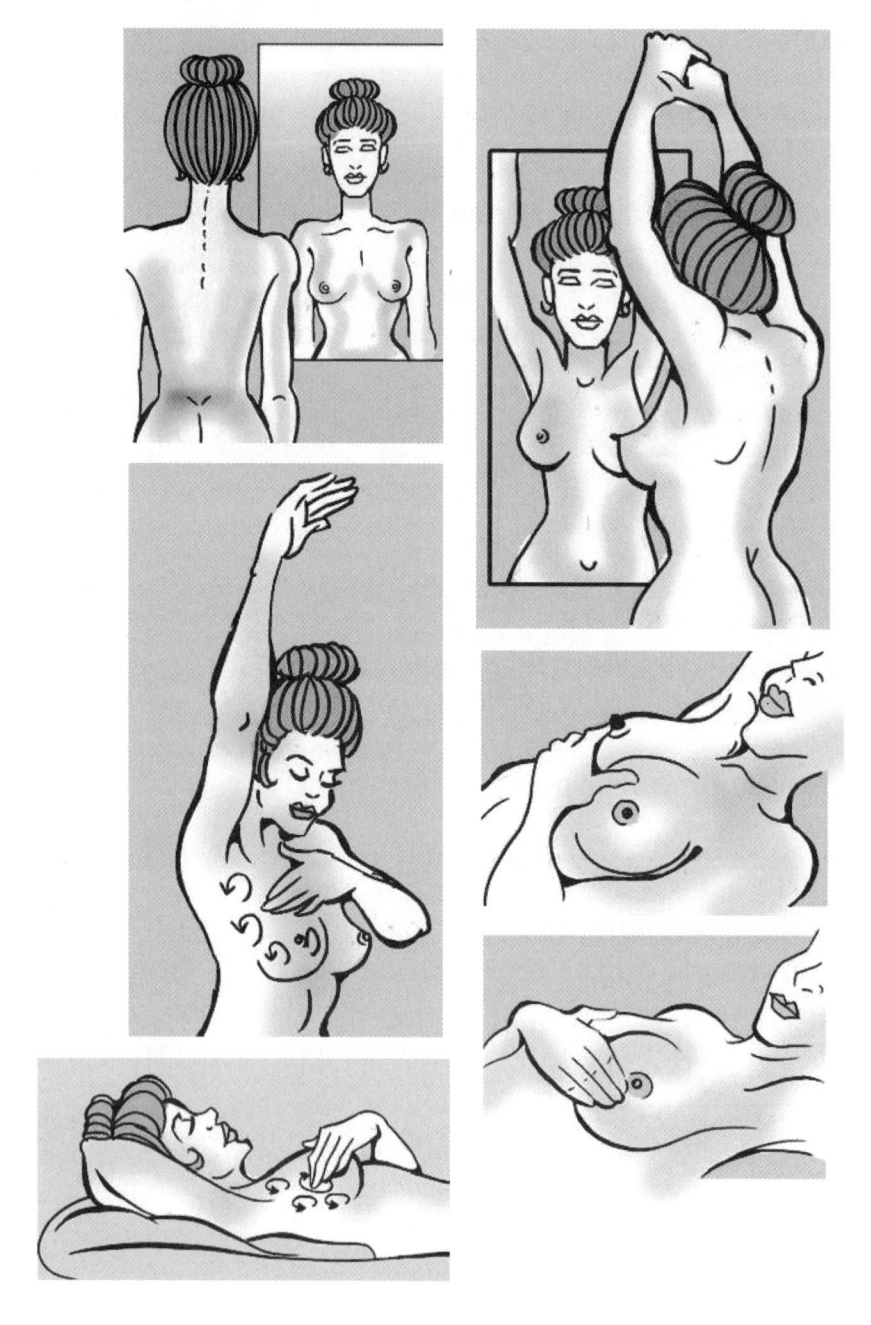

Câncer do colo do útero

Prevenção

O câncer do colo do útero só poderá ser diagnosticado através de exames periódicos solicitados pelo médico, o chamado "papanicolau". Caso sinta algum desconforto durante o ato sexual, ou, ainda, haja sangramento fora do período menstrual, procure seu médico.

ENDOMETRIOSE

A endometriose é uma doença que ataca muitas mulheres. Estima-se que 10% das mulheres em todo o mundo sejam portadoras da doença. Ela vai-se instalando aos poucos e a partir dos 30 a 35 anos a mulher pode apresentar esse mal.

Na literatura, encontra-se a informação de que a doença não tem etimologia. Os médicos, especialistas, controlam a doença através de exames periódicos e medicamentos e, em alguns casos, é necessário que se retire o(s) órgão(os) afetado(s) pela doença.

Quais os sintomas? Atente para:

- fortes cólicas menstruais durante o ciclo e dores pélvicas que antecedem a menstruação;
- dores fortes durante e depois da relação sexual;
- dificuldade para gestar.

Os sintomas acima quando sentidos durante um longo tempo e não devidamente diagnosticados podem gerar:

- falta de ânimo para realizar tarefas simples do cotidiano;
- depressão.

A qualidade de vida da mulher cai drasticamente, uma vez presentes os sintomas anteriormente descritos. Por outro lado, médicos especialistas dizem que, apesar de a doença não ter cura, ela pode ser controlada. O que importa é a melhoria da qualidade de vida da paciente com endometriose e, para isso, existem o diagnóstico preciso e os tratamentos e prevenções.

(Texto revisado pelo Dr. Alexandre Bracomini – Ginecologista Obstetra.)

CÂNCER DE PELE

Toda mulher gosta de desfilar o seu corpo dourado no verão, mas não se deve abusar do sol, que, em excesso, pode causar sérios problemas.

Este tipo de câncer é muito mais comum em pessoas que têm a pele sensível, mas ele pode se instalar em qualquer cor de pele. As pessoas que têm a cor de pele muito clara não precisam evitar o sol, por completo, basta seguirem cuidados especiais.

Prevenção

Proteja-se do sol, dando preferência ao horário das 7 às 10 horas e após as 16 horas. Além disso, siga as orientações abaixo.

- Não vá à praia sem chapéu, filtro solar adequado à sua pele e óculos escuros. Beba bastante água, de preferência água de coco porque hidrata muito mais.
- Não fique exposta por um longo período ao sol, nos primeiros dias.

Dicas para um bronzeado perfeito

- Movimente-se para obter um bronzeado uniforme.
- Após algum tempo ou depois de atividades e mergulhos na água, reaplique o protetor solar.
- Antibióticos, anticoncepcionais e antiinflamatórios não combinam com o sol. Consulte seu médico.
- Proteja os lábios com batons que contenham na sua fórmula filtro solar.
- Evite o uso de perfumes ou desodorantes; podem causar queimaduras.
- Cuidado com as frutas, elas também podem causar queimaduras.

Hidrate bem a sua pele, uma pele bem hidratada começa de dentro para fora.

A melhor maneira de hidratar a sua pele continua sendo tomar muito líquido. O corpo humano perde cerca de 2,5 litros de água por dia. Recomenda-se a ingestão de cerca de dois litros de água por dia, mas abuse também de chás e de sucos de frutas naturais. Procure ingerir muitas frutas, porque elas também contêm água.

Observação: A maior preocupação dos médicos é que ainda existem pessoas que tomam remédios sem receita prescrita por um especialista. Não ingira um remédio somente porque foi bom para a sua amiga, você poderá estar-se prejudicando. O que foi bom para uma pessoa não necessariamente será bom para outra. Também não receite remédios para uma outra pessoa. Sua intenção pode até ser boa, mas sua atitude pode gerar graves consequências.

LESÕES POR ESFORÇO REPETITIVO

A LER – Lesões por Esforço Repetitivo – foi detectada pela primeira vez há quase três séculos, no ano de 1700, por um italiano, Dr. Bernadino Ramazzini, considerado na época o pai da medicina do trabalho.

A LER é uma das doenças que mais atingem as pessoas e, em especial, as mulheres que trabalham e praticam constantemente movimentos repetitivos. Não precisa ser um esforço muito forte para causar a doença. Na realidade, a LER se manifesta por movimentos que se repetem sem intervalos para descanso: movimentos como digitar, tricotar ou fazer manuseio em pequenas peças ou ainda em objetos pesados. Vale dizer que todos nós (motoristas, secretárias, donas-de-casa etc.) estamos sujeitos a essa doença.

A LER constitui-se de inflamações que atacam os tendões, os músculos e as articulações dos membros superiores. Esse tipo de doença, quando diagnosticado a tempo, poderá ser tratado com excelentes resultados de recuperação. Mas como a LER é uma doença que ataca silenciosamente, a prevenção constante faz-se necessária. Existem casos diagnosticados onde o paciente da LER sofre lesões profundas, podendo até ser afastado de suas funções profissionais ou ser aposentado por invalidez, independentemente da idade.

As partes do corpo mais atingidas pela LER são: punhos, braços, mãos, ombros e coluna cervical. Cada região atingida pela LER recebe um nome diferente.

Como prevenir a LER?

Primeiro, devemos nos conscientizar da necessidade da mudança de hábitos posturais, principalmente quando estamos trabalhando. A tendência é de nos distrairmos e relaxarmos o corpo, e quando percebemos já estamos com uma má posição postural.

Para quem trabalha em escritório:

- ajuste o encosto da cadeira, para não forçar a coluna, e observe se a coluna está ereta, formando com as pernas um ângulo de 110°.

- Os punhos deverão ter como suporte um apoio especial, facilmente encontrado em lojas de informática.

- Os pés deverão estar apoiados em um degrau.

- Evite cruzar as pernas, pois assim você estará evitando a má circulação e a concentração de peso nos músculos das nádegas.

Atenção! Evite atender ao telefone torcendo o tronco. Este movimento feito bruscamente pode trazer lesões graves para a coluna cervical, principalmente com o corpo frio, e parado muito tempo na mesma posição.

É bom lembrar de que para cada 45 minutos de trabalho é necessário que se faça uma pausa, seguida de alongamento dos músculos e tendões.

Caso você sinta dores, procure um ortopedista, e não deixe de se tratar. A prevenção continua sendo o melhor remédio para uma vida saudável.

Procure maiores informações na NR – Norma Reguladora nº 17 – Ergonomia, que são as normas que garantem os direitos de melhores condições de trabalho ao profissional, independente da área onde ele atue. Uma das normas garante ao trabalhador gozar de uma saúde perfeita. E, ainda, pesquisas garantem que as empresas que não investirem na prevenção da LER nos próximos anos estarão, com certeza, gastando muito mais dinheiro com o afastamento por "licença médica" de funcionários prejudicados pela doença da LER.

Aprenda a sentar-se corretamente, enquanto trabalha.

LINDA BORGES

CORAÇÃO

Pesquisas revelaram que o índice de mortalidade por causa de infarto aumentou no Brasil nos últimos 20 anos, principalmente entre as mulheres. O infarto era considerado uma doença tipicamente masculina e se dava na faixa etária dos 45 aos 60 anos, porém com um índice bastante baixo de mortalidade. Hoje, as mulheres já alcançam 39,5% das pessoas que estão sofrendo dessa doença.

Os especialistas explicam que as pessoas mais idosas possuem uma resistência maior ao infarto do que os jovens. Em pessoas mais jovens, entre 25 e 35 anos, o infarto, quase sempre, é mortal.

As mulheres, por terem mudado muito a sua vida nos últimos 20 anos, ao brigar pelo seu lugar na sociedade como profissional, passaram a conviver também com o estresse. A dona-de-casa atual é mãe, esposa e profissional, e por essa razão, se torna um alvo fácil para a doença cardiovascular.

A outra causa da doença é a soma do trabalho mais gordura, mais cigarro, que resulta, depois de algum tempo, no infarto, com certeza.

Como se proteger desse mal:

- Controlar a dieta alimentar.
- Praticar exercícios regularmente; caminhadas diárias de pelo menos 30 minutos.
- Abandonar o cigarro. Bebidas alcoólicas só de vez em quando.
- Combata a TPM – Tensão Pré-menstrual, e, ao entrar na menopausa, não fique com medo de começar um tratamento para reposição de hormônios.
- Não deixe que a solidão se instale. Você pode gostar de ficar sozinha, mas ninguém vive sem uma outra pessoa. Pense nisso!

Observação: Pesquisadores descobriram que a mulher quando entra na menopausa com uma certa precocidade fica mais vulnerável a problemas cardíacos.

Explicando melhor, a mulher quando na menopausa ou ainda por problemas restritos de saúde precisa retirar os órgãos reprodutores, o que a faz perder a proteção natural que elimina as substâncias que causam as doenças, como o infarto. Por essa razão, é preciso que se faça reposição hormonal, evitando assim o infarto ou outros tipos de doença.

SAÚDE BUCAL

Antigamente, e de uma forma grosseira e popular, dizia-se que se conhece a saúde de uma pessoa pelos seus dentes. Até os escravos eram escolhidos pelos dentes perfeitos; dentes perfeitos eram sinônimo de saúde e força de trabalho.

Ter dentes bonitos e brancos ou simplesmente ter uma boa saúde bucal não é mais classificado apenas como estética. Hoje, ir ao dentista periodicamente é tão importante quanto visitar qualquer outro especialista da saúde.

O livro de Odontologia *Uma Visão Multidisciplinar*, escrito pela brilhante Dra. Edela Puricelli e seus colaboradores, mostra que boca bem cuidada também evita doenças que afetam todo o organismo.

Vejamos o exemplo das dores. Através de estudos, constatou-se que muitas das dores, não apenas de cabeça, como também na coluna, podem afetar ou ser provenientes de uma disfunção da mandíbula, ou vice-versa.

Como a própria Dra. Edela comenta:

> *"A Odontologia, ou a Medicina como um todo, trata-se de uma área muito ampla, e a forma competente de qualquer especialista na área de saúde na hora de tratar um paciente não é supor uma doença, mas investigá-la, classificá-la e tratá-la com todas as ferramentas existentes e disponíveis no meio médico para proporcionar qualidade de vida ao paciente".*

A Dra. Edela escreve que uma boa dentição começa pela gestação. Uma mãe com hábitos saudáveis e preventivos durante a gravidez influencia na formação dos dentes do futuro bebê.

O próximo passo é o exemplo dado pelos pais a essa criança. O exemplo começa pela importância da higiene bucal e a visita regular ao dentista.

Algumas doenças que podem ser detectadas:
- doenças na gengiva;
- infecções odontogênicas;
- dores faciais;
- trauma bucomaxilofacial;
- halitose (mau hálito);
- câncer bucal.

Outras doenças odontológicas e específicas em pacientes especiais, provenientes do estado físico, orgânico, intelectual, social ou emocional; aguda ou crônica; simples ou complexa; caráter temporário ou definitivo:
- alterações de coagulação;
- alterações genéticas ou manifestações na cavidade bucal;
- cardiopatias, déficit mental e neuromotor;
- diabetes;
- insuficiência renal crônica.
- pacientes oncológicos /doenças malignas.

Para manter um sorriso não apenas bonito mas também saudável vale seguir as dicas abaixo:
- Visitar o dentista pelo menos uma vez a cada seis meses.
- Escovar os dentes sempre após cada refeição e usar também o fio dental a cada escovada.
- Escovar a língua também é um hábito saudável, pois, além de remover impurezas acumuladas ali, previne e auxilia no mau hálito e nas infecções.
- Evitar tomar bebidas cafeinadas de qualquer natureza e cigarros, que, além de escurecerem os dentes, ajudam a causar infecções na gengiva e a enfraquecer o esmalte dos dentes.

EXAMES FEMININOS QUE DEVEM SER FEITOS COM REGULARIDADE

Papanicolau

Deve ser feito no início da vida sexual, e, no decorrer da mesma, anualmente. Serve para detectar alterações das células vaginais, infecciosas e tumores.

Mamografia

A partir dos 35 a 40-50 anos, pelo menos uma vez a cada dois anos. Após os 50 anos, anualmente.

Detecta surgimentos de tumores de mama.

Densitometria óssea

Deverá ser feita a partir dos 30 anos, principalmente se houver caso de osteoporose na família. Quando a mulher estiver na pré-menopausa e na menopausa, será feita anualmente.

Detecta a perda de massa óssea causada pela osteoporose.

Dosagem Hormonal (FHS, LH, estrógeno e progesterona)

Esse exame em particular deverá ser feito regularmente, na pré-menopausa e quando houver alterações menstruais, infertilidade/abortos de repetição e ainda hemorragias menstruais.

Detecta alteração do nível sangüíneo de hormônios femininos.

Glicemia

Esse exame deve ser feito sempre que houver casos de diabetes na família, ou quando ocorrerem os sintomas como, por exemplo:

- vontade de urinar toda hora;
- beber água em excesso;
- perda de peso sem motivo aparente;
- fome em excesso.

Observação: O exame de glicemia detecta a taxa de açúcar no sangue.

Eletrocardiograma, ecocardiograma ou teste ergométrico

São necessários quando sentimos dores fortes no peito, falta de ar, palpitação ou ainda antes de começar a malhar.

Eles servem para avaliar o ritmo do batimento cardíaco e também a estrutura global do coração.

Qualidade de Vida

Lembra quando falamos no início deste livro sobre a qualidade no trabalho?

A Qualidade é constante em nossas vidas. Cada vez mais o homem vem buscando a melhoria de vida, seja na área profissional, seja na social; isso é o que podemos chamar de Qualidade de Vida.

Ter segurança social e profissional também é Qualidade de Vida.

Pudemos ver nas primeiras páginas deste livro algo sobre qualidade, mais especificamente a Qualidade de Vida no Trabalho. Não vamos rotular o que é Qualidade, pois ela está em todas as partes. Se atingirmos a Qualidade na saúde com certeza estaremos a caminho dos outros segmentos da Qualidade.

Rotina da Boa Forma

Para que você possa ter ou manter a sua boa forma, são necessários apenas alguns minutos diários de exercícios físicos.

Além de manter a forma, exercícios físicos, como a caminhada, por exemplo, pode prevenir o estresse e aliviar a tensão. Além disso, caminhar faz bem para a circulação sangüínea.

É bom lembrar também que qualquer exercício só deverá ser iniciado após uma prévia avaliação médica, e, ainda, que para se obter um bom resultado, o exercício deverá ser praticado pelo menos três vezes por semana.

CAMINHAR AO AR LIVRE (AERÓBICO)

Ao caminhar ao ar livre, 1,5 km a cada 15 minutos, você perde 200 cal/h. Os principais músculos trabalhados são: as pernas e os glúteos.

CORRER AO AR LIVRE (AERÓBICO)

Ao correr ao ar livre, 1,5 km a cada 10 minutos, você perde 600 cal/h. O nível de impacto é alto, principalmente para os corredores mais obesos e para as pessoas que treinam demais. As partes mais atingidas são os joelhos, os ligamentos, os tornozelos, os pés e a região lombar.

Procure não exagerar. Sempre que possível, corra em superfícies mais macias, como pistas para corridas e trilhas de bosques ou parques. Não se esqueça de usar um calçado apropriado, de preferência tênis com suporte acolchoado.

CORRER NA ESTEIRA (AERÓBICO)

A queima de calorias quando se corre na esteira é praticamente a mesma obtida quando se corre ou anda ao ar livre em terrenos planos, mas tem menor impacto do que andar em terreno inclinado. É que na esteira não há resistência do corpo ao vento. Os músculos trabalhados são os mesmos exigidos ao ar livre, mas com menor intensidade. O nível de impacto dependerá do ajuste e da qualidade do aparelho usado: quanto melhor a qualidade da esteira menor a pressão nas juntas. Nunca use um ritmo além da sua capacidade. Ajuste a esteira de acordo com a sua capacidade e desacelere-a antes de sair dela, até que pare.

ANDAR DE BICICLETA AO AR LIVRE (AERÓBICO E AGILIDADE)

Pedalar num ritmo moderado (1km/h) queima 352 cal/h. Bicicletas que exigem inclinação do corpo queimam algumas calorias a mais, uma vez que a massa muscular é mais exigida. Os músculos mais trabalhados são coxas e glúteos. Não há qualquer impacto. Os riscos de ferimento ocorrem para os joelhos e a região lombar. Também podem ocorrer ferimentos na cabeça, como resultado de quedas e acidentes de trânsito.

Use sempre um capacete ao se exercitar. Para proteger os joelhos ajuste o assento de modo que eles fiquem levemente flexionados, mesmo nos momentos em que a perna estiver mais estendida. Pedale mantendo o ritmo.

PEDALAR BICICLETA ERGOMÉTRICA

A queima de calorias é praticamente a mesma de quando se anda ao ar livre. No entanto, as bicicletas que exigem inclinação queimam algumas calorias a mais. Os músculos trabalhados são os mesmos: coxas e glúteos e não há impacto. Os riscos de ferimento são 30% mais baixos, e os joelhos são mais propensos a lesões.

Ajuste o assento colocando-o numa altura adequada. Pedale numa velocidade constante. Use somente bicicletas reforçadas.

Natação ou Hidroginástica

Para quem não gosta de correr ou pedalar, principalmente nos dias quentes, a natação e a hidroginástica são uma excelente opção. São exercícios que não causam impactos e muito completos. Se feita com regularidade, a hidroginástica, por exemplo, faz perder peso, enrijece e define a musculatura, além de ser muito agradável para quem gosta de água.

Musculação Localizada

A musculação localizada não apenas define a musculatura do nosso corpo, como também melhora o nosso condicionamento e a força, que naturalmente com o passar dos anos vamos perdendo. Se você não quer ficar com os músculos muito definidos opte por uma musculação leve. Assim, você garante um corpo saudável sem exageros aparentes.

O importante é não ficar parado. Corpo saudável, cabeça sã. Qualidade de vida lá em cima.

E boa forma!

Capítulo 9
Momento de Reflexão

Antes de encerrar, escrevo aqui o que considero uma das partes mais importantes deste livro.

Nesse, ainda podemos dizer, início de milênio, as pessoas têm-se preocupado um pouco mais em se encontrar espiritualmente. Com certeza, não podemos viver bem sem esse ponto importante em nossa vida. A fonte de equilíbrio, sensatez, amor, vida saudável – física e mental – está no desabrochar e no cultivo da nossa fé.

Mas, infelizmente, outras tantas pessoas sequer sabem fazer uma oração, e se perguntam o tempo todo: "Tenho tudo que quero na vida, sou formado(a), tenho um bom trabalho, uma família fantástica, dinheiro no banco, mas ainda me falta alguma coisa?"

Então, pensando nesse algo que pode estar faltando para você, deixo aqui algumas orações que, feitas de coração, enchem-nos de bênçãos e felicidade.

Pai Nosso

A oração que nos compromete.

Não Digas: "Pai Nosso",
se não te comportas cada dia como um filho,
nem tratas os demais como irmãos.

Não Digas: "Que estais nos céus",
se somente pensas e ama as coisas da terra.

Não Digas: "Santificado seja o Vosso nome",
se estás preocupado em "santificar" o nome
de outros deuses que tomam parte da tua vida.

Não Digas: "Venha a nós o Vosso reino",
se não acreditas nem estás preparando-te
para este acontecimento.

Não Digas: "Seja feita a Vossa vontade",
se não aceitas quando ela é dolorosa.

Não Digas: "Assim na terra como no céu",
se não acreditas na vida eterna.

Não Digas: "O pão nosso de cada dia nos dai hoje",
se não te preocupas com tantos pobres que hoje estão com fome.

Não Digas: "Perdoai as nossas ofensas, assim
como nós perdoamos a quem nos tem ofendido",
se ainda guardas rancor e ódio do teu irmão.

Não Digas: "E não nos deixei cair em tentação",
se a tua intenção constante é pecar.

Não Digas: "Mas livrai-nos de todo mal",
se não cooperas com Deus frente às tentações do inimigo.

Não Digas: "Porque teu reino é o Poder e a Glória",
senão acreditas que Jesus é Rei.

Não Digas: "Amém",
se não acreditas no Pai Nosso.

LINDA BORGES

Ave Maria

Ave Maria, cheia de graça
O Senhor é convosco
Bendita sois vós entre as mulheres, e
Bendito é o fruto do vosso ventre, Jesus.
Santa Maria Mãe de Deus
Rogai por nós, os pecadores,
Agora e na hora de nossa morte,

Amém

Oração pelo Dia de Trabalho

Deus, Pai, logo cedo invocamos o Vosso nome,
e Vos oferecemos este dia de trabalho,
e rogamos Vossas bênçãos e proteção sobre nós.
Pedimos que envieis Vosso Espírito Santo sobre nós,
para que Ele nos ensine todas as coisas,
de acordo com a Vossa vontade.
Que Ele nos dê sabedoria, discernimento e alegria,
e que, desta forma, o nosso trabalho prospere,
e que todos que participam deste trabalho
possam usufruir desta prosperidade
e sentir Vossa presença entre nós.
Nós Vos damos graças e glória, Pai,
por todas as bênçãos que temos recebido de Vós,
por todo cuidado que tendes tido conosco.
E já Vos agradecemos todas as bênçãos
e graças que ainda havemos de receber.
Nós Vos louvamos e bendizemos, Pai,
em nome do Vosso Filho Jesus,
que veio ao mundo para nos salvar.

Amém

"A oração é a força do homem, e a fraqueza de Deus."

Linda Borges

Oração da Secretária

Ajudai-me, Senhor!
A ser uma profissional competente,
disciplinada e ainda a ter uma boa memória,
para que eu possa me lembrar de fatos ocorridos.

Ajudai-me, Senhor!
A organizar e a fazer todo o meu trabalho de forma precisa
e eficiente, até mesmo as questões que me serão cobradas
no dia seguinte, mas que já estarão prontas.

Ajudai-me, Senhor!
A ser prestativa, a ter paciência, disciplina,
responsabilidade com os meus colegas de trabalho.

Ajudai-me, Senhor!
A saber me comportar profissionalmente, mantendo
distanciamento por mais amigo e cordial
que o meu chefe possa ser.

Ajudai-me, Senhor!
Além de ser uma boa secretária, com muitas qualidades,
a não negligenciar a minha família, mãe, pai, filhos
e meu companheiro, pois só assim serei
uma profissional completa.
Com a bênção de Maria e do seu Filho Jesus
Amém.

Capítulo 10
Lei – Assédio Sexual no Trabalho

O assédio sexual infelizmente é uma realidade entre os profissionais. Não só as mulheres sofrem, hoje, com o assédio sexual, como há homens que também já passaram por situações constrangedoras.

Vale ainda saber que o assédio não parte apenas da relação chefe e empregado, mas também de colegas de trabalho.

O assédio sexual é crime, e está previsto na Lei 10.224, de 15 de maio de 2001:

> *"Constranger alguém com intuito de obter vantagem ou favorecimento sexual prevalecendo-se o agente da sua condição hierárquica ou ascendência inerentes ao exercício de emprego, cargo ou função. Pena1[2]: detenção de 1 (um) a 2 (dois) anos"*. Código Penal, art. 216-A.

Para que se faça valer a lei, é preciso que a vítima denuncie e, para tanto, é necessário o apoio não apenas de seus colegas de trabalho, mas também da família, porque, afinal, a exposição é certa.

Estratégias de um assediador:

- Escolhe a vítima.
- Tenta ganhar sua confiança.
- Presenteia sempre, sem motivos aparentes.
- Prepara um repertório de elogios. Os primeiros, elegantes; depois de ganhar espaço passa a fazer elogios com intenção de desestabilizar emocionalmente sua vítima, que gradativamente vai perdendo sua autoconfiança e passa a acreditar que é sua obrigação tolerar certas brincadeiras no trabalho.
- Impõe suas vontades à vítima.

Assédio Moral

Você já ouviu falar sobre assédio moral?

O assédio moral ainda não é tão conhecido no Brasil, mas já sabemos que muitas pessoas sofrem ou já sofreram assédio moral a ponto de perderem o emprego, por ficar insustentável a relação entre empregado e chefe ou mesmo no grupo de trabalho.

A violência moral no trabalho constitui um fenômeno internacional, segundo levantamento recente da Organização Internacional do Trabalho (OIT) em diversos países desenvolvidos. A pesquisa aponta para distúrbios da saúde mental relacionados com as condições de trabalho em países como Finlândia, Alemanha, Reino Unido, Polônia e Estados Unidos. As perspectivas são sombrias para as duas próximas décadas, pois segundo a OIT e Organização Mundial da Saúde, estas serão as décadas do "mal-estar na globalização", onde predominarão depressões, angústias e outros danos psíquicos, relacionados com as novas políticas de gestão na organização de trabalho e que estão vinculadas às políticas neoliberais.

A seguir, algumas atitudes que caracterizam o assédio moral quando tomadas por parte de seu chefe: a humilhação repetitiva e de longa duração interfere na vida do trabalhador e trabalhadora de modo direto, comprometendo sua identidade, dignidade e relações afetivas e sociais, ocasionando graves danos à saúde física e mental, que podem evoluir para a incapacidade laborativa, desemprego ou mesmo a morte, constituindo um risco invisível, porém concreto, nas relações e condições de trabalho.

- retira sua autonomia;
- contesta a todo momento suas decisões;
- restringe ou proíbe seu acesso a instrumentos de trabalho, como telefone, fax, computador, etc.;
- sobrecarrega você de novas tarefas;
- induz você ao erro;
- retira o trabalho que normalmente lhe compete;
- não lhe dirige a palavra; só se comunica por escrito ou por e-mail;
- separa você de seus colegas;

- ignora sua presença, dirigindo-se apenas aos outros;
- usa insinuações pejorativas para qualificá-la;
- faz gestos de desprezo, como suspiros, olhares desdenhosos, levantar de ombros;
- espalha rumores a seu respeito;
- diz que você tem problemas psicológicos;
- zomba de suas características físicas;
- passa tarefas humilhantes;
- implica com suas crenças religiosas ou convicções políticas;
- fecha a porta na sua cara;
- fala com você aos gritos;
- não leva em conta seus problemas de saúde;
- critica sua vida privada.

Se você identificou alguns dos itens anteriormente citados como atitude de seu chefe, procure um advogado de sua confiança. *"Calar-se diante um assédio moral é perder a própria dignidade."*

> *O combate de forma eficaz ao assédio moral no trabalho exige a formação de um coletivo multidisciplinar, envolvendo diferentes atores sociais: sindicatos, advogados, médicos do trabalho e outros profissionais de saúde, sociólogos, antropólogos e grupos de reflexão sobre o assédio moral. Estes são passos iniciais para conquistarmos um ambiente de trabalho saneado de riscos e violências e que seja sinônimo de cidadania.*
>
> *Fonte:* Barreto, M. *Uma Jornada de Humilhações.* 2000 PUC/SP – "Site Assédio Moral no Trabalho/www.assediomoral.org".

O que a vítima deve fazer em casos de Assédio Moral e Assédio Sexual

- Resistir: anotar com detalhes todas as situações sofridas (dia, mês, ano, hora, local ou setor, nome do agressor, colegas que testemunharam, conteúdo da conversa e o que mais você achar necessário).
- Dar visibilidade, procurando a ajuda dos colegas, principalmente daqueles que testemunharam o fato ou que já sofreram humilhações do agressor.

- Organizar. O apoio é fundamental dentro e fora da empresa.
- Exigir, por escrito, explicações do ato agressor e permanecer com cópia da carta enviada ao D.P. ou R.H. e da eventual resposta do agressor. Se possível, mandar sua carta registrada, por correio, guardando o recibo.
- Procurar seu sindicato e relatar o acontecido para diretores e outras instâncias como: médicos ou advogados do sindicato, assim como: Ministério Público, Justiça do Trabalho, Comissão de Direitos Humanos e Conselho Regional de Medicina (ver Resolução do Conselho Federal de Medicina nº 1.488/98 sobre saúde do trabalhador).
- Recorrer ao Centro de Referência em Saúde dos Trabalhadores e contar a humilhação sofrida ao médico, assistente social ou psicólogo.
- Buscar apoio junto a familiares, amigos e colegas, pois o afeto e a solidariedade são fundamentais para recuperação da auto-estima, dignidade, identidade e cidadania.

Importante: Se você é testemunha de cena(s) de assédio sexual no trabalho supere seu medo e seja solidário com seu colega. Você poderá ser "a próxima vítima" e nesta hora o apoio dos seus colegas também será preciso. Não esqueça de que o medo reforça o poder do agressor!

Lembre-se: Assédio sexual não é um fato isolado em locais de trabalho. Podemos ter assédio sexual doméstico, onde há relato de assédio dentro da família, pais não enxergam sua filha como filha, e com o consentimento da própria mãe acaba cometendo o ato de assédio sexual.

A informação e a mobilização de pessoas próximas nesse caso são fundamentais para que seja dado um basta a esse tipo de comportamento doentio e criminoso.

Bibliografia

ABTD. *Manual de Treinamento e Desenvolvimento*. Makron Books, 1999.

CALDERADO, Marta. *Etiqueta e Boas Maneiras*. Editora Nova Fronteira, 1983.

CASTRO ALVES, Rina Bonadies de. *R. S. V. P. Réspondez S'Il Vous Plaît*. Editora Nordica, 1995.

CASTRO, Reis e CASTRO, Maisa. *Orações de Poder 1 e 1*. Editora Raboni, 1993.

COSTA, Armando Casimiro; FERRARI, Irany e MARTINS, Rodrigues. *CLT*. Editora LTR, 2008.

MATARAZZO, Cláudia. *Etiqueta sem Frescura*. Editora Melhoramentos, 1995.

ORSINI, Elizabeth e RODRIGUES, Iesa. *Modos à Nossa Moda. A Nova Etiqueta de A a Z*. Editora Objetiva, 1995.

PURICELLI, Edela. *Odontologia – Uma Visão Multidisciplinar*. Coleção Sala de Espera Publicações, 2003.

RIBEIRO, Célia. *Boas Maneiras & Sucesso nos Negócios*. Editora LPM, 1993.

RIBEIRO, Célia. *Etiqueta na Prática*. Editora LPM, 1992.

SEBRAE – RS. *Série Entendo a Qualidade*, vol. I, 1998.

Site. *Saúde Bucal*. http://www.odontologia.com.br/

Site. *Assédio Moral no Trabalho*. www.assediomoral.org.

SOUZA LEÃO, Célia Pereira de. *Boas Maneiras de A a Z*. Editora STS, 1992.

TERSARIO, Prof. Alpheu. *Redação Gramática – Manual Prático de Redação*. Editora Libra, 1989.

VIRGÍNIA, Bárbara. *Poder Pode... Mas Não Deve*. Editora Loyola, 1993.

WEIL, Pierre e TOMPAKOW, Roland. *O Corpo Fala*. Editora Vozes, 1996.

WEIL, Pierre. *Relações Humanas na Família e no Trabalho*. Editora Vozes, 1997.

Outros Títulos Sugeridos

SEJA DONO DA SUA PRÓPRIA VIDA

A obra é escrita de forma simples e objetiva proporcionando uma reflexão sobre a direção que queremos para nossa vida profissional e até pessoal.

Autor:
Paulo Araújo
Nº de páginas: 144
Formato: 16×23cm

Outros Títulos Sugeridos

MANUAL DE ERGONOMIA NO ESCRITÓRIO

Um Manual Baseado em Atitude e Comportamento

Este manual dá dicas para melhorar o conforto nas atividades desenvolvidas no ambiente de trabalho.

De fácil leitura, serve tanto para crianças quanto para adultos, uma vez que hoje todos fazem uso do computador.

É usado em grandes empresas que pensam que ensinar e aprender (*Learning Organization*) é a grande meta na busca do melhoramento do Capital Humano.

Com este manual, o leitor será capaz de reduzir o potencial de acidentes em seu ambiente de trabalho e aumentar a performance e a produtividade, diminuindo assim, os desconfortos musculares e articulares, aumentando o seu bem-estar.

Autor:
Paulo Cidade
Nº de páginas: 96
Formato: 12×19cm

― *Outros Títulos Sugeridos* ―

ETIQUETA EMPRESARIAL
Ser Bem Educado é...

Esta obra é um instrumento objetivo e pragmático, de consulta rápida, concisa e direta, acessível a profissionais de todos os níveis. Sendo de fácil compreensão, o livro é palatável até para os profissionais que não gostam de ler. Adolescentes e pré-vestibulandos também encontrarão dicas importantes para ingressarem no mercado de trabalho.

Este guia fornecerá ao leitor os elementos necessários à obtenção de êxito e assertividade em seus relacionamentos pessoais, sociais e profissionais. Ele irá também despertá-lo para a importância de agir com autoconfiança, naturalidade e urbanidade em qualquer situação de convívio profissional e social, pois isso evitará a perda de oportunidades e negócios, por não observar regras básicas de conduta, mundialmente aceitas e adotadas.

Autora:
Maria Aparecida A. Araújo
Nº de páginas: 208
Formato: 16 × 23cm

Outros Títulos Sugeridos

VIDA LONGA COM SAÚDE
Por que envelhecer?

Recheada de informações para o alcance da qualidade de vida mental e espiritual, a obra mostra a importância de uma boa alimentação e dos exercícios físicos para viver bem com saúde e alegria.

A busca por uma vida longa com saúde, hoje, tornou-se produto vendido nas prateleiras, sendo que a solução está em nossas mãos, sendo necessário somente o cultivo de hábitos mais saudáveis. O livro traz estratégias simples, mas de resultado gratificante. São noções básicas, de forma esclarecida, e moldadas para que sejam incorporadas à rotina do homem moderno. Apresenta meios de prevenção de doenças, de se alimentar bem, a importância de se engajar com a vida e manter uma atividade física. Alguns conceitos e informações são repetidos ao longo da obra, afim de reforçar a ideia apresentada, garantindo assim um maior aprendizado.

Autores:
Nilo de Almeida e Jairo Mancilha
Nº de páginas: 152
Formato: 14 × 21cm

Outros Títulos Sugeridos

MULHER INTELIGENTE
2ª Edição

O universo feminino é muito mais complexo do que o masculino. As mulheres devem pensar na casa, no cônjuge, nos filhos, na carreira, na saúde e na saúde financeira pessoal e da família. Mas, como conciliar isso tudo, de forma a evitar as armadilhas que o mercado criou para esse público tão especial?

Sandra Blanco, especialista em finanças para mulheres, ensina que o errado não é ser dependente financeiramente, mas ser ignorante em finanças. A autora ainda esclarece as principais dúvidas femininas no mundo da microeconomia e também oferece dicas valiosas para investir com segurança sem deixar de lado as boas compras...

Autora:
Sandra Blanco
Nº de páginas: 168
Formato: 16 × 23cm

Entre em sintonia com o mundo
QualityPhone:
0800-0263311
Ligação gratuita

Qualitymark Editora
Rua Teixeira Júnior, 441 – São Cristóvão
20921-405– Rio de Janeiro – RJ
**Tels.: (21) 3295-9800/3094-8400
Fax: (21) 3295-9824**

www.qualitymark.com.br
e-mail: quality@qualitymark.com.br

Dados Técnicos:

• **Formato:**	16×23cm
• **Mancha:**	12×19cm
• **Fontes Títulos:**	Humanst521BT
• **Fontes Texto:**	HumstSlab712BT
• **Corpo:**	11
• **Entrelinha:**	13
• **Total de Páginas:**	152
• **Lançamento:**	2009
• **Gráfica:**	Armazém das Letras